離婚後の共同養育と面会交流実践ガイド

子どもの育ちを支えるために

J・A・ロス＋J・コーコラン 著／青木 聡＋小田切紀子 訳

北大路書房

JOINT CUSTODY WITH A JERK

Copyright © 2011 by Julie A. Ross and Judy Corcoran
Published by arrangement with St. Martin's Press,LLC.,
through Tuttle-Mori Agency,Inc.,Tokyo.
All rights reserved

私の父，ウォーレス・リー・アンダーソン（1922年9月2日〜2009年9月22日）へ。初版の原稿を丁寧に読み，思慮深い助言と熱い応援の言葉を述べてくれました。この改訂版にも目を通してもらいたかったと思います。

——ジュリー・A・ロス

私の素晴らしい娘，モリーへ。彼女は，果てしない忍耐，愛情，サポートを示してくれます。それから，いつも私のそばにいてくれる，デニス・クラウソン，ピーター・タル，スーザン・ベレアーへ。そして，25年たち，ましなヤツになった元夫へ。

——ジュディ・コーコラン

序　文

最低なヤツ
（1）馬鹿げた，筋の通らない，子どもじみた言動で，あなたを悩ませ続ける元妻・元夫。
（2）あなたとまったく異なる価値観を持ち，子どもの生涯にわたって，これから先ずっと付き合っていかなければならない悩みの種。

　私たちが本書の初版を書いたとき，まさかAmazonのウェブサイトで，離婚に関する書籍のベストセラー第2位になるなんて，考えてもいませんでした――そもそも，当時はAmazonがありませんでした！　1995年には，コンピューターを持っている人はまだ少数で，ましてやインターネットを使っている人はほとんどいなかったのです。しかし私たちは，離婚紛争中の元夫婦のコミュニケーションを助ける本が，確実に必要であることがわかっていました。

　離婚は誰にとってもつらいことです。とりわけ子どもにとっては非常につらい経験となります。当時からそして今でも最良のアドバイスは，次の言葉に要約されるでしょう：「子どもを巻き込んではいけません」。しかしながら，問題は「私は子どもを巻き込まないようにしているのに，元配偶者が……」と繰り返し言う親がいることです。本書は，そういう人たちのために書かれました。

　本書が出版されて以来，この本は難しい元配偶者とのコミュニケーションを学ぼうとするたくさんの人たちを助けてきました。けれども，最近になって本書の内容を再検討したところ，ここ15年のテクノロジーの変化によって，取り上げなければならない新たな問題が生み出されて

いることに気づきました。それはインターネットの影響や，瞬時の絶え間なく続くコミュニケーションの効果です。

　コミュニケーションの手段が多様化しているため，元配偶者と対面で話すためのコミュニケーション・スキルを学ぶだけでなく，他のコミュニケーション・ツールにも習熟することがとくに重要になっています。新しい種類のコミュニケーション，たとえば携帯メールは，便利ですが有害にもなります。そのため，そうした他の手段をいつどのように使うかを知ることは，非常に重要です。本書を読めば，元配偶者と話すとき，携帯メールや電子メールを送るとき，その他の連絡手段を使うとき，屈辱的で批判的なコミュニケーションから，協力的なコミュニケーションに変える簡単で実践的なテクニックを身につけることができるでしょう。

　私たちは読者の皆さんがこの改訂版を読んで大きな希望を抱くだろうと考えています。何と言っても，私たちは15年にわたって共同養育の問題に取り組み，本書で紹介する理論を実践してきたのです。私たちはその推移と結果を見てきました。子どもたちは成長し，元配偶者はやがて再婚します。多くの場合，対立していた両親は，少なくとも子どもたちの成し遂げたことを誇りに思って気持ちを分かち合い，みんなの努力を尊重する光景を見てきました。

　私たちは，多くの人たちが私たちの考えに賛同し，自分の物語を語ってくれたことに感謝しています。そのおかげで本書は出版できました。読者の皆さんは，本書が最低のヤツ，元配偶者，元夫，元妻，子どもたちについて言及するときに，「彼」と「彼女」という代名詞を交互に使用していることに気づくでしょう。私たちは家族に２人以上の子どもがいる場合があることを知っていますが，単純にするために，両親と１人の子どもという状況の例を提示しています。

　また，私たちは，古いコンピューターの中の失われた初版の原稿を書き書き起こしてくれたエミリー・ロスとデニス・クラウソンに感謝したいと思います。最後になりますが，エージェントのボブ・レヴァインと

序　文

編集者のジェニファー・ウェイスには，特別な謝意を捧げたいと思います――本書の出版を可能にしてくれて，とても感謝しています。

ジュリーとジュディ

読者のみなさんへ
―― 訳者まえがきに代えて ――

　本書は，*Joint custody with a Jerk : Raising a Child with an Uncooperative Ex, A Hands-on, Practical Guide to Communicating with a Difficult Ex-Spouse* の抄訳です。著者の Julie A. Ross は子育て支援の専門家，Judy Corcoran は著述家で，1996年に初版，2011年に再版された離婚後の共同養育に関する人気本です。本書は，彼らの15年間にわたる離婚後の共同養育の支援から得られた論理と，心理学の認知行動理論に基づく実践的な技法を豊富に紹介しています。

　別れた配偶者と子どものことで連絡を取って共同で子育てをするのは難しいと感じる人，争いの果てやっと別れた相手とは一切関係をもちたくないという人がいると思います。一方的に家を出て行ったのに，「子どもに会いたい」なんて身勝手すぎると感じ，子どもに会わせないことを相手への制裁や復讐の手段とする人もいます。しかし，親が離婚した子どもは，ひとり親家庭で育つため，家計が苦しくなったり離婚家庭に対する世間の偏見意識にさらされ，経済的にも社会的にも不利な状況におかれやすくなります。離婚後も親同士のいさかいや対立が続けば，子どもへの影響は深刻です。しかし，親のサポートによって離婚によるマイナスの影響は抑えられることがわかっています。鍵となるのは，共同養育です。離婚しても元夫婦が親としての責任を果たし共同で子育てをし，面会交流により子どもが両方の親と継続して交流できれば，子どもは健全に成長することが多くの研究によって実証されています（Robert J. Racusin et.al., 1994; Constance A. 2006; Claire M. K. Dush et al., 2011; Clorinda E. Velez et al., 2011）。しかし日本では，共同養育と面会交流の重要性が十分に理解されていません。そこで，日本とアメリカの離婚の現状と面会交流の重要性，さらに本書で紹介している共同教育に必要

な元配偶者のつきあい方，子どもへの関わり方のコツを紹介します。

1．日本の離婚と面会交流の現状

　日本の離婚件数は，2002年に史上最多（289,836件）を記録し，その後，減少が続いています（厚生労働省，2011）。夫婦2.9組のうち1組が離婚しており，同居期間別に見ると同居期間20年以上の熟年離婚が増加傾向にありますが，離婚総数の約60％は同居期間10年未満の離婚です。離婚する夫婦の約60％に未成年の子どもがおり，年間25万人の子どもが親の離婚を経験しています。日本は，離婚後，単独親権のため子どもの約80％は親権者の母親と暮らし，約15％は親権者の父親と暮らしています。近年は，親権を持たない親と子どもとの交流が途絶えるケースが増加しており，面会交流の紛争は，年間1万件以上で（司法統計年報，2011），離婚によって親子関係が阻害される問題が深刻化しています。離婚時に面会交流の取り決めをしている母子世帯の母は23.4％，父子世帯の父は16.3％で，協議離婚の場合は，その他の離婚方法よりも，面会交流の取り決めをしている割合が低くなっています（厚生労働省，2012）。

2．面会交流の重要性

　離婚家庭の子どもを対象にしたインタビュー調査[*1]（小田切，2008；2009；2010）から，子どもは自分の生活ペースを崩さずに，両方の親とつながりをもち続けることを望んでいることがわかっています。子どもは，面会交流を通して，第一に，別居親は離れて暮らしていても自分のことを愛しく思っていることを理解します。第二に，青年期の発達課題である親離れが促進されます。たとえば子どもが母親と暮らし，父親と会えない場合，両方の親と心理的・物理的に等しい距離がとれないため好ましい親離れは難しくなります。第三に，青年期のもう一つの発達課題である自分らしさの確立（アイデンティティの確立）は，自分のルー

ツである両方の親を知ることを通して確立されます。もし子どもが別居親に会えないと，別居親から愛されていない，別居親にとって価値のない人間だと感じ，自尊心が傷つき自己評価が低くなることがわかっています（青木，2011）。さらに，自分の親を知らないで育つことは，思春期の子どもにとって大きな苦しみになります。

　面会交流は，子どもが幼い時期は，親がスケジュールを決めますが，子どもの成長に従い，子どもの意思を尊重することが大切です。思春期の子どもは自分から別居親に関わろうとしないことが多いですが，別居親との連絡手段を確保していることには大きな意味があります。しかし，別居親に対する子どもの意向を把握することは非常に難しいことです。別居親との面会交流が継続して行われ，同居親への依存心理が少なくなってはじめて，子どもは自分の意思を親に伝えられるようになります。子どもが「（別居親と）会いたくない」といった場合，同居親から否定的なことを吹き込まれたからではないか，あるいは片親疎外症候群（Parental Alienation Syndrome）[*2]ではないかと指摘されることがあります（棚瀬，2010；Richard A. Warshak, 2010）。また，子どもの「会いたくない」という発言を理由に面会交流が中断される場合が多いですが，虐待やドメスティック・バイオレンスなどの深刻な問題がない限り，子どもを励まし，面会交流を続けさせることが必要です。

3．アメリカの離婚と面会交流の現状

　アメリカと日本は，離婚制度が異なりますので，アメリカの離婚手続きと離婚後の共同養育について説明します。

　アメリカは，夫婦の約半数が離婚に至りますが，日本の協議離婚の制度はなく，離婚には裁判所の調停手続きが必要です。子どもがいる夫婦の場合，親教育クラスを受講し，父母で養育プラン（parenting plan）を作成し，提出することが奨励されており，18州では裁判所がこれを義務付け，離婚の成立要件としています。親教育クラスは，おもに裁判所

が委託した民間機関において有料で行われており，親は，面会交流と養育費の重要性，子どもの健全な心身の発達には両親が必要であること，子どもの発達段階の特徴と各発達段階の子どもが離婚に示す反応とそれに対する適切な関わり，元配偶者と協力して子育てをするための知識とスキルなどを学びます。養育プランは，面会交流と監護についての合意で，子どもがどちらの親といつ過ごすか，子どもに関する決定をどのように行うかについて詳細に記載したものです。父母だけでは話し合いがまとまらず養育プランを作成できない場合は，調停者，あるいはペアレンティング・コーディネーター（メンタルヘルスまたは法律の専門家）が援助して作成します。合意した決定事項を守らなかった場合は罰則が規定されており，養育プランには法的拘束力があります。このようにアメリカでは，離婚後の共同監護，共同養育が徹底しており，離婚後の子育てを視野に入れた制度が確立されています。

4．共同養育に必要な元配偶者とのつきあい方と子どもへの関わり方のコツ

　子どもの福祉の観点からメリットの多い共同養育ですが，考え方や価値観の相違で離婚した夫婦が，協力して子どもを養育するのは容易なことではなく，多様な問題が生じています。本書は，このような問題に遭遇している親を対象に，元配偶者との効果的なコミュニケーション方法，元配偶者の困った性格や問題とのつきあい方を紹介しています。オレゴン州の親教育クラスでは，この本をもとに25頁の資料を作成し，クラスを実施しています。

　離婚後，子どもがいる場合には，混乱の渦中で，かつての「夫婦関係」から子どものために「子育て関係」へと変容していかなければなりません。これは大変な困難が伴います。ともすれば，否定的な感情と思考に飲み込まれ，変化するのは自分ではなく，相手であると思い込んでしまいます。しかし，非協力的な元配偶者が変わるのをいくら待っても，

子どもの養育をめぐる状況を望ましい方向に変えることはできません。そこで本書は、「自分を変化させる方法」を学ぶことを提案します。第1章「問題を特定する」と第2章「誰が問題ピラミッドの頂上にいるのか？」では、自分の感情を見定め、それを認めることによって、複雑に絡み合った問題を扱いやすい要素に解きほぐしていくプロセスを学びます。そのうえで、第3章以降、問題の種類や特性に応じて、共同養育に必要な元配偶者とのつきあい方や子どもへの関わり方を具体的に解説していきます。たとえば、第3章「あなたが問題ピラミッドの頂上にいるとき」では、元配偶者との効果的なコミュニケーション・スキルとして、"Ⅰ"ステートメントを紹介しています。これは、「あなた」を主語にした話し方では、相手は責められている、非難されていると受け止め対立が生じやすいので、「私」を主語にした話し方に変えるスキルです。たとえば、「あなたは、いつも私の話を聞かない」ではなく、「私は、あなたが話を聞いてくれないと悲しい」というのです。また、元配偶者の困った問題や性格とのつきあい方は、「元配偶者の考えや行動を変えるのは、結婚生活でもできなかったのだから、自分自身が考え方や視点を変えよう」、あるいは、「今、直面している元配偶者との問題が、あなたの時間とエネルギーを費やすだけの価値があるか考えてみよう」というアドバイスは説得力があります。また、第7章「子どもに自信を与える」では、親が離婚した子どもは自信を失っているので、親は子どもの自尊心を高める関わりが必要なのに、親は子どもが解決するべき問題まで責任を背負い込んで解決してしまうため子どもは、自信と責任感を身につけられないと述べています。親の好ましい関わりは、子どもが自分の問題を自力で解決できるように励まし促すことで、そのための子どもへの接し方が紹介されています。

　夫婦が離婚を考えるとき、一番悩むのは子どもへの影響です。子どもにとって生活の基盤である家庭が揺らぐことは、耐えがたい体験です。しかし、両親が離婚後の共同養育のテクニックとコツを身につければ、

子どもへの影響は抑えることができます。元配偶者との共同養育に日々奮闘しているみなさんが，本書を通して子どもの成長を楽しみながら自信をもって子育てができることを心から祈っています。

青木聡・小田切紀子

＊1　筆者らは，小学校高学年から大学生26人を対象に2000年～2002年と2006年～2007年に1時間半の半構造化面接調査を実施した。質問内容は，「親の離婚を離婚直後と現在，どのように受け止めているか」，「親から離婚の理由について話があったか」，「別居親との交流はあるか」など12項目である。

＊2　片親疎外症候群とは，両親の離婚や別居などにより，子どもを監護している親（監護親）が，もう一方の親（非監護親）に対する誹謗や中傷，悪口などマイナスなイメージを子どもに吹き込むことでマインドコントロールや洗脳を行い，子どもを他方の親から引き離し，正当な理由なく子どもに片方の親との関係を喪失させる状況を指す。この結果，子どもには様々な情緒的問題，対人関係の問題などが生じ，長年にわたって悪影響を与えると言われ，引き離しを企てている親の行為は，子どもの情緒面への虐待であると指摘されている。

引用文献

青木聡　2011　面会交流の有無と自己肯定感／親和不全の関連について　大正大学カウンセリング研究所紀要　第34号　5-17.

Claire M. K. Dush, Letitia E. Kotila & Sarah J. Schoppe-Sullivan 2011 Predictors of Supportive Coparenting After Relationship Dissolution Among At-Risk Parents, pp356-365.

Constance A. 2006 Family Ties After Divorce: Long-Term Implications for Children. *Family Process*, Vol.46 (1), pp53-65.

Clorinda E. Velez, Sharlene A. Wolchik, Jenn-Yun Tein & Irwin Sandler 2011 *Child Development*, Vol.82 (1), pp244-257.

厚生労働省　2011　人口動態統計の年間推計

厚生労働省　2012　平成23年度全国母子世帯等調査結果報告

小田切紀子　2008　離婚家庭の子どもの自立と自立支援　平成18-19年度科学研究費補助金基盤研究（C）研究成果報告書

小田切紀子　2009　子どもから見た面会交流　自由と正義，Vol.60　日本弁護士連合会

小田切紀子　2010　離婚―前を向いて歩き続けるために　サイエンス社

Richard A. Warshak 2010 Divorce Poison. London: William Morrow（青木聡訳　2012　離婚毒　誠信書房）

Robert J. Racusin, Stuart A. Copans & Peter Milis 1994 Characteristics of Families

of Children Who Refuse Post-Divorce Visit. *Journal of Clinical Psychology*, Vol.50 (5), pp792-801.
最高裁判所　2011　司法統計年報
棚瀬一代　2010　離婚で壊れる子どもたち　光文社新書

目　次

序文　i
読者のみなさんへ──訳者まえがきに代えて──　v

第1章　問題を特定する（最低なヤツ以外の問題） ……… 1

いつも大変　1／否認に取り組む　1／感情と問題を区別する　3／全体像　7／思考・感情・行動サイクル　7／あなたの行動を変える　11／一番の問題は何か？　13／解決するか, 放っておくか　13／問題を切り離す　14／我慢できる状況を受け入れる　15

第2章　誰が問題ピラミッドの頂上にいるのか？ ……… 17

責任　17／解決に向かう　18／自分の行動を正当化する　19／思い込みをつくり出す　20／相手に嘘をついてだます　20／「最悪」を投影する　21／相手を一方的に非難する　21／罪悪感に溺れる　22／パワーに気づく　24／コインの裏側：責任を引き受けすぎること　25／問題ピラミッド　26／一般的な問題とその頂上にいるのは誰かを見分ける　30

第3章　あなたが問題ピラミッドの頂上にいるとき ……… 35

戦いを厳選する　35／行動計画を立てる　36／元配偶者といつどこで話すかを決める　37／中立的な場所を見つける　39／2人の関係を変える：戦いをやめて, ビジネスライクに　40／あなたが元配偶者にしてほしいことを知る　41／私を主語にしたコミュニケーション　41／なぜ私ステートメントが効果的なのか　42／声の調子とボディランゲージ　43／相手の敵意をやわらげるポジティブな主張　44／ポジティブな主張　対　ネガティブな主張　45／男女間のコミュニケーション　45／「いつも」と「絶対に」をなくす　46／あなたの会話を効果的にする　48／練習すればできるようになる　50／私ステートメントが, 抵抗にあうとき　51／元配偶者が, あなたの気持ちをまったく理解しないとき　52／皮肉は使わない　53／距離を置く　53／成功に向けて　54／ポジティブな主張に選択肢をつけ加える　55／選択肢

xiii

をつけ加える前に　56／問題の解決策をブレーンストーミングする　56／二者択一の罠にはまらない　58／時間をかけて取り組む　59／質問する　59／ロールプレイ：自分の課題に取り組む　60／まとめ　61

第4章　あなたが解決しなければならない問題 …………………………… 62
問題に取り組む　62／パパはいい人　62／予定を変更する　64／フェイスブック　67／一緒に行けなかった大ヒット映画　69／パーティタイム　72／スカイプによる交流　76／メールが届きました！　79／要約　80

第5章　元配偶者と協力することを学ぶ ……………………………………… 82
変化に取り組む　82／闘争・逃走反応（戦うか逃げるかの反応）83／深呼吸：冷静になるテクニック　84／あなたの考え方を変える　86／与えたものを得る　88／理解するために話を聴く　88／合意点を探す　91／押す代わりに引く　92／会話を遮らない　92／協力的コミュニケーションのための確認事項　96／正しくやっていることを認める　98／失敗したら謝る　98／妥協する覚悟をする　99

第6章　子どもが問題ピラミッドの頂上にいるとき ……………………… 100
子どもを守る　100／過保護　101／子どもに対して中立的に耳を傾ける　102／自分自身の感情の行動化を抑える　103／心を込めて聴く　104／子どもの暗号を解く　104／認める　106／子どもとブレーンストーミング　107／慎重に助言する　109／もし～～ならばどうなるかな？　109／否定に対処する　110／結果を検討する　112／話すのをやめる　112／子どもともう片方の親の関係を認める　113／前もって余波に対処する　114／操作に対処する　115／子どもとあなたに問題があるとき　116／言葉を話す前の子ども　118／ツナの中のタマネギ　120／子どもが問題ピラミッドの頂上にいるときに何をすればよいか　123／距離を置く　129

第7章　子どもに自信を与える ………………………………………………… 130
自信を与える＝自己肯定感　130／しつけ　131／無条件の愛情　132／存在と行為　132／子どもの話を聴く　134／自信を示す　135／理想を手放す　136／「でも」に気をつける　137／褒め言葉と要求は区別する　138／行動と愛情は区別する　138／「怪獣」はいない　139／焦点を変える　142／手本になる　144

第8章　元配偶者が問題ピラミッドの頂上にいるとき　…………… 146

元配偶者の問題であるとき，どのようにやりとりするか　146／時間をかける　147／巻き込みのテクニックを見抜く　149／防衛的に反応しないこと　150／問題を相手に差し戻す　152／内容に同意する　153／ガチャン！　問題を避ける元配偶者　154／ピラミッドの頂上に立つ　155／法律あるいは専門家の支援を必要とする場合　156／元配偶者の身近な「他者」が問題ピラミッドの頂上にいるとき　158／継親の役割　162

第9章　多様な離婚家族　……………………………………………… 166

あなたの家族はユニーク　166／そして，離婚家族はそれほど違うわけではない　167／お金の問題　168／異なる子育てスタイル　171／異なる構造をつくる　173／17のガイドライン　173／子どものニーズと権利　193

第10章　明るい将来　…………………………………………………… 194

離婚後の癒し　194／前に進む　205

対人援助職のみなさんへ──訳者あとがきに代えて──　211

第1章
問題を特定する（最低なヤツ以外の問題）

いつも大変

仏陀は「人生は苦である」と述べました。同様に，スコット・ペック博士（Dr. M. Scott Peck）も世界中で賞賛されている著書『愛すること，生きること』（訳者注：氏原寛・矢野隆子（訳）創元社　2010年）の冒頭で，「人生は困難なものである」と述べています。いったん人生が困難なものであることを本当に理解して受け入れると，私たちは生きやすくなるというのです。なぜなら，人生は困難であるという事実が，もはや問題ではなくなるからです。ペック博士は，「人生の諸問題を解決するには，それと向き合う以外にない」と述べています。しかし最初に，問題は何なのかを理解しなければいけません。

否認に取り組む

否認は，多くの場面で生じる，問題への対処方法の1つです。漫画『スヌーピー』の著者チャールズ・シュルツ（Charles Schulz）の言葉を借りると，逃げ出せないほどの大きな問題はありません！

否認は，離婚する親によくみられます。片方の親は，問題をとても明確に認識しているのに，もう片方の親は，問題の存在を完全に否認するのです。当然，問題を否認すると，私たちはその問題を効率よく解決するのが遅れます。それでも，多くの人は否認にしがみつきます。まるで

否認が問題を覆い隠し，将来起こる結果から身を守ってくれると言わんばかりです。

あなたの元配偶者は，否認を使うかもしれません。あなたが飛行機を借りて「問題はここにある！」と大空に描いたとしても，元配偶者が否認していれば，あなたは問題解決の手助けを得ることができません。元配偶者が故障していないと思っているものを，相手方に修理してもらえるでしょうか？　あなたが望む解決策を得るためには，創造的な問題解決テクニックを習得することにエネルギーを費やすしかないでしょう。

問題解決のためには，問題を正確に認識しなくてはなりません。しばしば，問題は複雑なので，見きわめるために，いくつかのステップを踏む必要があります。

🌑 ステップ１　あなたの感情を特定する

> ジェニーが父親と週末を過ごして帰宅したとき，私が最初に気づいたのは，彼女のスーツケースがパンパンにふくれていることでした。私はスーツケースを開けてみて，元夫が今回彼女に買ったモノに驚きました。それはスイス製の登山用サスペンダーでした。子ども用のサスペンダーには，グレーのスエード地にピンクとブルーの花模様が刺繍されていました。今考えると恥ずかしいのですが，私は怒りがこみあげてきて，ジェニーに大声を上げ，これはどうしたの？と問いただしました。ジェニーが「パパが旅行で買ってきてくれたの」と答えたとき，私は平常心を失っていました。つまり，元夫は先週スイスでスキーをしていたということなのね！　それから，元夫が先週は仕事だと言っていたことを思い出しました。最低なヤツ！　私は，その小さなサスペンダーを壁に投げつけ，スーツケースの中身を床にぶちまけました。ジェニーが入ってきて，「私，いけないことをしたの？」と聞きました。「パパが私に買ってくれたモノが，ママは気に入らないの？」と言ったとき，彼女はとても愛しく見えました。

ジェニーの母親サマンサは，お土産を見つけたときの自分の反応が適切でなかったことをわかっていました。しかし，落ち着くまで，なぜそんなに動揺しているのか理解できませんでした。彼女の眼には，高価な

サスペンダーは，お金の無駄に見えました。ジェニーはそれをけっして身につけないでしょう。しかし，そのことよりもっと重要なのは，元夫がスイスに行く金銭的余裕があることに対して彼女が怒っているという事実でした。彼女たちは，6年前にスイスへのスキー旅行を計画したのですが，彼女がジェニーを妊娠したため旅行を延期していました。その後，2人は離婚したのです。サマンサは，元夫がスイスについに行ったことを妬んでいました。一方，自分は仕事が忙しくて，今もそして今後も行けないのです。

感情と問題を区別する

あなたの感情と，それらの感情を生み出している問題を区別して考えることは大切です。たとえば，少なくともこの場合，問題はサマンサの元夫が最低なヤツということではありません。実際，元夫は，娘にお土産を買ってくるという素敵なことをしています。サマンサの怒りや失望が，元夫に最低なヤツというレッテルを貼っているのです。この場合，彼女は元夫に対して「最低なヤツ」という感情を抱いていますが，その感情は事実とは異なります。事実であり問題なのは，サマンサがスイスに行くための時間がないことです。一方，感情は，「2人が」計画していた旅行に，元夫が行ったことに対する嫉妬です。

あなたが感情に不適切に対処すると，感情は問題に発展します。元夫への復讐心は問題ではありませんが，たとえば元夫の車に腐った卵を投げつける行為は問題です。なぜなら，あなたは否定的な感情に基づいて行動しているからです。

多くの場合，問題は複雑なだけでなく，怒りや嫉妬のような激しい感情を伴っています。私たちが感情に打ちのめされているとき，しばしば2つのことが生じています。叫びながらサスペンダーを壁に投げつけ，スーツケースの中身を床にぶちまけたサマンサのように，激しいやり方

で反応するか，あるいは自分の感情で身動きができなくなるかです。どちらの状況でも，私たちは，多様な要因が関与する複雑な問題を明確に認識できていません。

● ステップ2　あなたの感情に名前をつける

あなたがとても激しい感情を体験している状況では，それらの感情の背後に何があるのかを自問すると役に立つでしょう。あなたは，自分の過去，結婚生活，あるいは子ども時代に起きた，似たような出来事を思い出すことができますか？　あなたは恨みをもっていますか？　元配偶者の接し方は，あなたの両親があなたに接したやり方を思い出させますか？　あなたは，願いを叶えてくれるとはまったく思えないのに，元配偶者に何かを期待することがありましたか？　あなたは，この状況がエスカレートするのではないかと怖く感じていますか？　あなたは，望みがないと感じていますか？　あなたは，サマンサのように嫉妬を感じていますか？

すべての人が多様な種類の感情を経験しますが，ほとんどの人は，微妙な感情に適切な名前をつけることがうまくできません。これは，たとえて言うなら，外国語で話しかけられたときに，言われたことは理解しているけれども，どの単語を使って返答したらよいかわからない状況に似ています。

私たちの多くは，感情を4つの領域（怒り，抑うつ，恐れ，幸せ）に分類する傾向があります。私たちは「彼に激怒している」「彼女にとても怒っている。殺してやりたい」「すごく落ち込んでいる」「すごく恐い」「今日はすごく幸せ」と言います。否定的な感情は，怒りに分類されます。無力感，絶望感，悲しみの感情は，抑うつに分類されます。不安は恐れに分類され，他の肯定的な感情は幸せに分類されます。この4つの分類は，結果として，それらの背後にある真の微妙な情緒を隠します。しかし，「苛立つこと」と「激怒すること」には大きな違いがある

第1章　問題を特定する（最低なヤツ以外の問題）

のです。

　以下の感情表現語を見てください。

不安な	愛しい	淋しい
自信がある	悲しい	不快だ
退屈な	悲惨な	あたたかい
恐い	傷ついている	平静な
怒っている	幸せな	うっとおしい
楽しい	苦しい	うんざりする
悔しい	穏やかな	元気な
恥ずかしい	イライラする	嬉しい

　あなたはこれらの感情表現のリストを見て，おそらく一度は，これらすべての感情を経験したことがあることに気がつくでしょう。ほとんどの人がそうです。ところが，自分の感情に名前をつけるときに，微妙な違いを考慮する人はごくわずかしかいません。しかしながら，この微妙さが重要なのです。というのは，私たちが苛立ちと怒り，あるいは絶望感と抑うつをうまく区別できないとき，状況が難しくなる危険性が高まるからです。さらに言うと，私たちが感情を正確に認識できるようになれば，状況はより扱いやすく，統制しやすくなります。

　あなたが元配偶者に感じる微妙な感情を識別する練習をしましょう。このスキルを身につけるには時間と忍耐がいりますが，やるだけの価値は十分にあります。少し練習してみましょう。

「私は，もう元配偶者と結婚していないのだから，幸せだ」
「私は，元配偶者が遅刻すると，我慢できない」
「私は，結婚生活に束縛されていると感じていた」
「私は，この自由な生活を大いに楽しんでいる」
「私は，調停の案をどれも信用できない」
「私は，もうストレスを感じることはない」

「私は，元配偶者がここにいないことが嬉しい」

● ステップ3　自分の感情に責任をもつ

あなたが自分の感情を識別するスキルを身につければ，自分の感情に責任をもつことも容易になります。自分の感情に責任をもつことは，自分の感情を誰かのせいにしないことを意味します。元配偶者があなたを怒らせたり，苛立たせたり，失望させたりするのではありません。あなたが自分自身でそのように感じているのです。元配偶者が別の人に対してまったく同じように振る舞ったとしても，その人は怒ったり，苛立ったり，失望したりしないかもしれません。同じ行為でも人によって感じ方は異なるのです。

あなたが自分の感情を認め，それに責任をもつとき，あなたは自分をコントロールしており，優位な立場にあります。自分の感情に責任をもつために，私たちは2つのステップをすすめます。第一のステップは，あなたの最初の感情が，微妙な感情を覆い隠していないかどうかを考えることです。たとえば，元配偶者が時間通りに子どもを迎えに来ないために，あなたの予定がだいなしになり，あなたが激怒したとき，その怒りの背後に，絶望感や苛立ちの感情が隠されている可能性はないでしょうか？

第二のステップは，自分の感情を見定めたら，それを言葉にすることです。たとえば，あなたの怒りの背後に，元配偶者が遅刻して予定を変更しなければならなかったことへの苛立ちが隠されていたとしましょう。微妙な感情（苛立ち）を隠したまま，「元配偶者に対して激怒しています」と言う代わりに，「私は自分の予定を変更しなければならなかったので苛立ちました」と言うのはどうでしょうか。

自分の微妙な感情を認めることによって，あなたはコントロールできない状況を，より扱いやすいものに変えることができます。あなたは元配偶者を変化させたり，元配偶者に対する自分の感情を変化させたりす

ることはできません。しかし，元配偶者がどのように振る舞ったとしても，あなたは自分の予定を変更しないために代案を考えることができます。

全体像

自分の感情を見定め，それを認めることは，実は，マイケル・ポプキン博士（Dr. Michael Popkin）によって最初に紹介された「思考・感情・行動サイクル」という広範なスキルの一部分です。あなたがこのサイクルの働きを理解すると，元配偶者との共同養育で生じる緊張や落胆を軽減することができます。サラとテッドの例を使って考えてみましょう。

> サラは日曜日の6時15分にジェイソンを迎えにくると言いました。これは好都合でした。なぜなら，私は7時半に始まるコンサートに行くデートの予定があり，ジェイソンは時間通りに家に戻ってテレビを見たかったからです。しかし，7時を過ぎ，ジェイソンがコートを脱いでテレビをつけたとき，私はカンカンに怒っていました。
> サラは7時15分になって現れ，たくさんの言い訳を口にしました。携帯電話が見あたらなかった，ハイウェイで交通事故があった，などです。そうした言い訳はこれまでに何度も聞いたことがありました。私は彼女に，礼儀を知れ，のろま，いい加減にしろ，と怒鳴りました。私の怒りが増すにつれて，彼女の怒りも増し，いつの間にか互いに罵りあっていました。私はコンサートのチケットを破り捨て，地面に叩きつけました。彼女は激怒し，困惑して怖がっているジェイソンを置いて出て行きました。ジェイソンは泣きながら彼女の後を追いかけていきました。

思考・感情・行動サイクル

多くの人は，出来事が起きると，それに対してある感情をもちます。

　たとえば,テッドは,サラが遅刻するから自分は腹を立てる,と信じているかもしれません。そのとき彼は,同時に絶望を感じているかもしれません。なぜなら,彼はサラの行動を変えられないことを知っているからです。しかしテッドは,出来事が原因で特定の感情状態になるのではないということを理解していません。出来事は思考のきっかけになり,思考が感情を引き起こすのです。

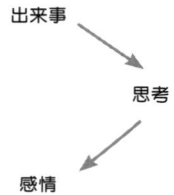

　思考はすぐに過ぎ去るので,人はしばしば思考があることに気づきません。こうして人は,感情に基づいて行動するのです。最終的に,人が行動を起こすと,この行動がさらに次の出来事を引き起こします。

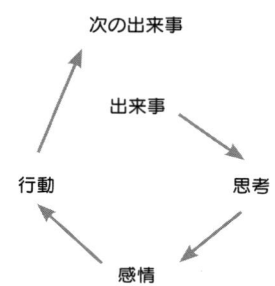

第1章　問題を特定する（最低なヤツ以外の問題）

　あなたの思考が否定的なときは、その思考が否定的な感情の引き金になります。そしてあなたが、その否定的な感情に基づいて行動すると、常に否定的な態度になり、それがさらに次の否定的な出来事を引き起こします。反対に、あなたの思考が肯定的で、肯定的な感情が生じれば、行動も肯定的になります。たとえば、すべてが順調なときに電話が鳴れば、あなたは「誰かしら？」と楽観的に考えるでしょう。そして、電話の表示画面をみることなく、友人との会話やよい知らせを期待して、わくわくするでしょう。しかし、あなたが悪い知らせを予感している場合、電話の呼び出し音は悪い出来事の予兆となり、不安や心配、恐れを感じるでしょう。

　このように、あなたの感情は、あなたの行動の引き金となっているのです。もしあなたがわくわくしているならば、急いで電話のところに行き、うきうきしながら受話器を取るでしょうし、もしあなたが不安を感じているならば、おそらくゆっくり電話のところに行き、電話の呼び出し音がもう一回鳴ってから、恐る恐る受話器を取るでしょう。あなたが最終的に電話に出たとき、その行動があなたの生活に次の出来事を引き起こします。

　以下に、テッドとサラの例を使って「思考・感情・行動サイクル」の図を示します。

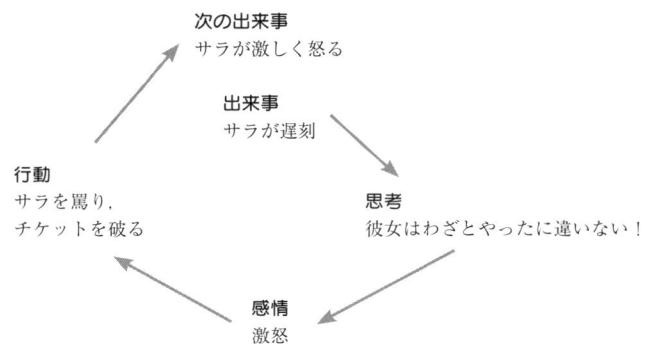

あなたが，自分の感情は出来事に対する思考から引き起こされ，出来事そのものから生じているのではないことを理解すれば，状況をコントロールする手段を得ることができます。あなたは，自分に降りかかった出来事をコントロールできませんし，自分の感情を変えることもできません（結局，あなたは自分の感情に流されるのです）。しかし，あなたの思考は変えることができます。思考を変えると，多くの場合，あなたの感情は大きく変化します。

　サラの遅刻についてのテッドの思考を見てみましょう。いくつかの思考が頭をよぎりました。「サラはいつも遅刻する……私は次の予定に遅れそうだ……ジェイソンは出かける準備ができている……私は彼女が嫌いだ……彼女は私の生活をめちゃくちゃにする……彼女なんか死んでしまえばいい……」。これらの思考が，テッドの怒りの引き金となり，その怒りによって彼は怒鳴り散らし，コンサートのチケットを破るという行動を起こしたのです。

■あなたの思考を変える

　どのような「思考・感情・行動サイクル」でも，あなたの思考を変えるチャンスを提供する2つの窓があります。

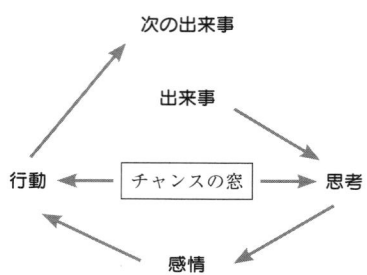

　多くの場合，出来事と感情の間に思考が存在することに気づきさえすれば，サイクル内の感情は十分に変えられます。しかしながら，ときに

は否定的思考に気づくだけでなく，否定的思考に影響を受けないように代替の思考を積極的に練習する必要があります。代案となる肯定的思考の練習を積めば，出来事を肯定的に捉えることが容易になります。

　テッドが，チャンスの窓を通して，あの晩の出来事の思考を変えるとどうなるかを見てみましょう。彼の思考は，以下のようになったかもしれません。「来ないよりは遅刻のほうがましか……チケットを別の晩に変更することができるかもしれない……残念だけど，ジェイソンとたくさんの時間を過ごせたし，それは他には代えがたい時間だった……息子と一緒にこのショーを見たいな……たぶん彼女は，このショーが終わるまで来ないだろう」。

　もしサラがやってきたとき，テッドがこのように考えていたら，展開は違ったかもしれません。彼はサラを罵倒しないで，サイクルをやり直すために，彼女の言い訳に耳を傾けていたかもしれないのです。

あなたの行動を変える

　あなたが利用できるもう１つのチャンスの窓は，あなたの行動を変えることです。あなたの感情が何であれ，効果が実証されているコミュニケーション・テクニックを使い，受身的なコミュニケーションから，先を見通したコミュニケーションに変えるのです。本書では，このテクニックをたくさん紹介します。

● ステップ４　問題を分解する

　自分の感情を見定めて，それを認め，「思考・感情・行動サイクル」の流れを理解すれば，そのときあなたは複雑な問題を扱いやすい要素に分解する準備ができています。

　ミンディが抱えている元夫との複雑な問題を見てみましょう。

私はジョンの浮気がわかったとき，彼に出て行って，と言いました。すると彼は，新しいアパートを借りるだけの十分な敷金（保証金）がない，と主張してきました。しかし私は，彼が新しい恋人と週末ずっとバハマに行っていたことを，6歳の息子ティミーから聞きました。それで私は怒り狂い，彼の服をすべて引っ張り出し，アパートの地下室に投げ捨てました。ようやく彼が荷物を取りに現れたとき，彼は私に，失業したから姉の家に引っ越す，と言いました。彼は，ティミーと週末を過ごしたい，と言い張りました。しかし私は，義姉やその子どもに我慢ができませんでした。彼女たちはいつも非常識で，ティミーに対して乱暴でした。最終的に，私はティミーが週末に行くことを譲歩しました。そこで元夫が何をしたと思いますか？　彼は「もしママが，パパが戻ることを許してくれなければ，パパは家を出ることになって，二度とティミーに会えないんだよ」とティミーに向かって言ったのです。ティミーがどれほど動揺したかおわかりでしょうか？　ティミーは泣きながら私のところに来ました。私はあのバカとどうやっていけばいいのでしょうか？　私がジョンと話し合おうとすると，彼は肩をすくめて，逃げるのです。彼はすべてうまくいっていると思っています。でも私は納得いきません。

　一見したところ，ミンディの問題は，とてつもなく大きくて手に負えなさそうです。しかしながら，とても難しく感じる理由の1つは，たくさんの問題を大きな1つの問題にしたことです。ミンディは，とても厳しい状況に打ちのめされています。こういう気持ちのときに私たちの多くがするように，彼女はたくさんの小さな問題をまとめて，克服できそうにない大きな問題をつくり出しました。しかし，注意深く見ると，この例は11以上の問題を反映しています。11の問題のいくつかは，ミンディに解決できるかもしれませんが，大半は彼女の問題ではありません。（1）ジョンが浮気をした。（2）ジョンはアパートを探さなければならない。（3）ジョンは敷金を払う余裕がない。（4）ジョンはバハマに行くという無責任な行動をとった。（5）ジョンはティミーに新しい恋人のことを打ち明けた。（6）ミンディはジョンの服を投げ捨てるという未熟な行動をとった。（7）ジョンは失業した。（8）ジョンはミンディ

がつきあいたくない義姉の家に引っ越す。(9) ジョンはティミーに，「家を出て行かなくてはならないかもしれない。そうしたらティミーには二度と会えない。ミンディのせいでこうなった」と言った。(10) ティミーはパパと二度と会えないことを不安に思っている。(11) ジョンは問題を起こした責任を認めない。

一番の問題は何か？

始める前に：ミンディは，感情と事実を区別する必要があります。そうすれば，自分の感情に振り回されたり，対処できないと感じたりしなくてすむでしょう。何と言っても，ミンディはジョンの浮気に傷つき，激怒しています。また彼女は，結婚の破局を悲しんでおり，今後のことを心配しています。お金のことで嘘をつかれたことも彼女にとっては屈辱的です。彼女は，ジョンが話し合おうとせず，あるいは問題の責任を認めないことに苛立っています。彼女にとっては，ジョンがティミーに新しい恋人のことを話したことも不愉快です。ジョンが離婚は彼女のせいだと責め，家を出ると脅したために息子が動揺したことも耐え難いことです。また，彼女には恋人がいないので，妬ましく感じています。

解決するか，放っておくか

あなたは，自分の感情を事実と切り離しました。次に，問題を解決する前に，その問題が元配偶者のものかどうかを知るために，2つの質問について考えてみるとよいでしょう。「本当の問題は何か？」そして「その問題は，私の時間とエネルギーを費やして解決する価値があるか？」です。

最初の質問に答えるには，「思考・感情・行動サイクル」を考えて，問題を切り離し，どの感情が最も激しいかを決める必要があります。そ

れから，それらの感情を引き起こしているあなたの思考に「さかのぼり」，それを見定めます。この手順を踏んだ後に，あなたの時間とエネルギーを費やしてまで解決する価値がある問題かどうかを自問してください。

問題を切り離す

ミンディがこれらの質問にどのように答えるかを見てみましょう。彼女は，人生を元に戻したいと思っていますが，元夫に対する感情が高ぶり，これからどうしたらいいかわかりません。

1. **最も激しい感情は何か？**：ミンディは最初に，どの感情が最も激しいかを決めなければなりません。それは，日によって，あるいはその時々で変わるかもしれないので，今まさに最も激しい感情から始めるとよいでしょう。たとえば，明日の彼女は今日よりも，もっと家計の状況を心配しているかもしれません。昨日の彼女は，ジョンが恋人とバハマに行ったことで激怒していたかもしれません。今日の彼女は，ティミーが義姉の家に行くのが心配でたまらず，それが最も激しい感情かもしれません。
2. **その感情を生み出している思考は何か？**：じっくり考えたミンディは，以下の思考に気づきました。「私は，ジョンの姉が我慢できない。彼女はいつもジョンの味方をする。彼女の子どもは行儀が悪くて乱暴。私は，ティミーに嫌な思いをしてほしくないし，ティミーをこういう状況に置くジョンが憎らしい」。
3. **あなたの時間とエネルギーをこの問題解決に費やす価値があるか？**：ジョンが，義姉の家に引っ越すのは，一時的なことでしょう。ミンディは自問するべきです：もし彼女がこの時点で仲直りすれば，問題は大きくならずにすむでしょうか？　もし彼女が問

題を手放せば、問題はなくなるでしょうか？　もしティミーが親戚のことで傷ついたり、不安になったりしたら、彼女は息子に親戚とのつきあい方を教えることができるでしょうか？　もしできるとしたら、息子が今後の人生で出会うであろう身勝手な人たちとのつきあい方を教えることができるでしょうか？

　彼女は、これらの可能性を考慮して、断固とした態度でティミーが義姉宅に行くのを拒否することも、あるいは、義姉宅に行くのを承諾することもできます。それによって状況はおそらく数週間のうちに大きく違ってくるでしょう。ミンディは、2つの質問と「思考・感情・行動サイクル」の両方に関係する感情をじっくり吟味して、ジョンが週末にティミーを連れて義姉の家に行くことを承諾しました。その後、ミンディが週末のことをティミーに聞くと、「大丈夫」と答えました。

我慢できる状況を受け入れる

　2つ目の質問、「その問題は、あなたの時間とエネルギーを費やして解決する価値があるか？」は、きわめて重要です。あなたと元配偶者との葛藤は、怒りや妬み、相手を思い通りにしたい欲望によって激しくなっています。もしあなたが深呼吸して「つまらないことを心配しない」でいられるなら、あなたの人生の道は将来に向かって、より順調に開けていくでしょう。

　ラインホルド・ニーバー（Reinhold Niebuhr）によって記述され、12ステップの回復プログラムのメンバーに広く浸透し、使用されている「ニーバーの祈り（Serenity Prayer）」は、あなたにできること・できないことの区別を知るための知恵を示しています。あなたにも役立つでしょう。

「神よ、
　私に変えることのできるものについては、それを変えるだけの勇気を与えたまえ。
　変えることのできないものについては、それを受け入れるだけの心の平穏を与えたまえ。
　そして、変えることのできるものと、変えることのできないものとを、区別する知恵を与えたまえ」

　受容は、一朝一夕では起こりません。徐々に進んでいきます。もしあなたが、長い目でみれば問題ではないこと、あるいは、あなたの影響が及ばないことを変えようとしてエネルギーを費やし続けると、努力に見合った肯定的な結果を得ることができず、結局は疲労困憊して失望する羽目に陥るでしょう。

　本書は状況を変化させる方法を示していますが、その一方で、できないことを受け入れる力を習得することも重要です。非協力的な元配偶者と子育てをすることが、困難な課題であることは間違いありません。この章の冒頭で述べたように、困難であることを受け入れると、あなたは生きやすくなるでしょう。解決に時間を費やす価値のない問題がわかれば、あなたは全般的に楽に前に進むことができるのです。そして、あなたの気持ちが晴れやかになると、集中力と努力を必要とする問題に対して、より創造的な解決策を思いつくことができるでしょう。

　問題を解決できないときは、解決しなければならない問題に集中するために、解決できない問題があることを受け入れる気持ちの余裕をもってください。

第2章
誰が問題ピラミッドの頂上にいるのか？

責任

　問題を解決するための責任を引き受けるためには，最初に責任の意味を理解しなければなりません。それは，人生においては私たちの選択によって結果がもたらされると知ることや，私たちに起こる出来事はそうした選択の直接の結果であると受け入れることを意味します。責任を引き受けることは，私たちにパワーとコントロールを与えます。なぜなら，選択と結果の関係性を認めると，望まない結果を得ないように，次の機会に違う選択ができるからです。

　私たちはしばしば問題解決のプロセスに行き詰まります。そして私たちは問題が解決されないことにたくさんの言い訳をしてしまいます。それに対して，私たちが責任を引き受けるとき──「どうにかしてほしい」あるいは「もーだめ。お手上げだ。私にはどうにもできない」と言う代わりに，「この状況に私自身が何かをしなければならない」と言うとき──，最初の一歩を踏み出しています。この一歩が私たちをより力強くして，コントロールをもたらすのです。

　次のエクササイズを試してみてください：あなたにできないことを4つか5つ書き出してみます。たとえば，料理ができなかったり，外国語が話せなかったり，ローラーブレードができないかもしれません。ゆっくりと声に出して言ってみてください。「私は料理ができません。私は外国語が話せません。私はローラーブレードができません」。それを言

いながら、どんな感じがするかを感じてみます。

次に、違うやり方を試してみます。「できない」と言う代わりに、「するつもりはない」と言ってみます。「私は料理をするつもりはありません。私は外国語を話すつもりはありません。私はローラーブレードをするつもりはありません」。どんな感じがしましたか？　多くの人は少し不快な気持ちになります。これが「するつもりはない」という言葉の力です。そのように言ったとき、あなたはそれをしないことについて責任とコントロールを主張しているのです。

多くの人はこのエクササイズに反発して、「私がそれをするつもりがないのではなくて、ほんとにできないのです。単純に時間がありません。外国語やローラーブレードを学びたいと思っていますが、ものごとには優先順位があるのです」と言うかもしれません。

この優先順位が鍵となります。あなたは外国語やローラーブレードを学ぶ代わりに、他の優先順位を選択しています——もちろん、それでかまいません。しかし、あなたは目に見えない力の犠牲者ではなく、「できない」のではありません。あなたが「するつもりはない」と言うとき、自分には優先順位を変化させる力があると認めることになります。その責任を引き受けると、状況の犠牲者と感じるのではなく、自分の人生をコントロールすることができるようになるでしょう。

解決に向かう

私たちはときに解決ではなく、問題に加担してしまう傾向があるのに気づくことが重要です。監護権争いというパズルにおける自分のピース（自分の振る舞い、反応、行動の動機）を見つめてみてください。元配偶者との問題を解決しようとするときに、自分が問題に加担していないかを自問してみましょう。ある母親は、元夫に対して「怒る」ことができるように、そして「もっと勢いよく」話せるようになるために、電話

をかける前にビールを一気飲みしていたことに気づきました。アルコールは社会的そして法的には受け入れられていますが，気分を高揚させたり落胆させたりする，一種のドラッグといえます。ビールの一気飲みは，あるいは単に勢いよく話している感覚を得るために怒ることは，解決よりも問題に加担しています。

問題に加担することには，ときに元配偶者をかばうことも含まれます。ある父親は元妻がお金を管理できないことを理解しておらず，彼女が赤字を出したときに常に自分が補填していることに気づいていませんでした。それによって彼女は責任をとらずにすんでいたのです。

ときに，問題に加担することには，回避のテクニックが含まれます。問題解決のために責任を引き受けることを回避するのです。自分の行動を正当化したり，思い込みをつくり出したり，相手に嘘をついてだまそうとしたり，「最悪」を投影したり，相手を一方的に非難したりする行為には，注意しなければなりません。自分がそうした行動をとっているときに「はっ」と気づくことは，よりよい子育て関係を築く道に一歩踏み出すことになります。以下に例をあげていきます。

自分の行動を正当化する

> 息子は学校に行くことを嫌がり，とくに月曜日の朝に，たくさん頭痛を訴えていました。私はからだの調子が悪いときもあれば，こころの調子があるときもあると思っていたので，息子がぐずるときに学校に行かなくても，まったく気にしていませんでした。しかし最近，学校から欠席のことで連絡がありました。私は，離婚の影響でつらい時期を過ごしている息子を家で休ませるのも悪くないと思う，と伝えました。また，息子を動物園に連れて行ったり，歴史映画をレンタルビデオで借りてきて見せたりしているので，教育的な関わりはできている，と言いました。私は自分の正当性に自信をもっていましたが，学校の先生から毎週月曜日に必ず休んでいると指摘されて，「はっ」としました。そんなに休んでいるなんてまったく気づいていなかったのです。

この母親は，彼女の言葉を使うと，息子に学校を休ませる「自分の正当性」に自信をもっていました。離婚の影響でつらい時期を過ごしている息子に対して，「教育的な関わり」を行っていると信じていたからです。しかし，自分の行動を正当化することで，彼女は現実の課題を巧妙に回避していました。彼女の息子は離婚の影響でつらい時期を過ごしており，学校に行けなくなっていました。学校の先生が現実を指摘することで，母親は自分が責任を回避していることに気づき，息子が本当に必要としている援助を受け入れることができました。

思い込みをつくり出す

> 私は，元妻が息子ニックと日曜日ではなくて土曜日に会いたい唯一の理由は，土曜日夜通しでボーイフレンドと過ごしたいからだと確信しています。

　元妻の動機が自己中心的な欲求にあると勝手に思い込むことによって，この父親は問題に新たな要素をつけ加えていました。たとえば，仕事のスケジュールが変更になり，日曜日に働かなければならなくなったので，元妻は土曜日にボーイフレンドと会うことをキャンセルし，ニックと会うことを選んだと知ったら，父親はどのように感じたでしょうか？　思い込みをつくり出すとき，私たちは問題を複雑にしてしまいます。思い込みによって，解決がより難しくなるのです。

相手に嘘をついてだます

> 私は，ホッケー受賞パーティに元夫が来ることは嫌だったので，元夫に私と子どもたちは行かないと伝えました。そして，最後の瞬間に気分を変えて行ったことにしました。

　詩人ウォルター・スコット（Sir Walter Scott）の「ひとたび欺き始めたら，もつれもつれて蜘蛛の糸」という一節を聞いたことがあると思

います。嘘をついてだますことは，不誠実であり，未熟な行動です。私たちは最初の嘘と矛盾しないように嘘を重ねていく羽目に陥るでしょう。加えて，それは子どもにとって最悪の模範となってしまいます。嘘をつくことでそのときの問題は解決するかもしれませんが，そうした不誠実から織られたもつれた蜘蛛の糸によって，トラブルはもっと深まってしまうのです。

「最悪」を投影する

> 子どもにおもちゃをもたせたら，壊れて戻ってくるか，部品がなくなってしまうことが，私にはわかっています。

誰にも未来は予言できませんが，私たちは空想の水晶玉をのぞき込んで，まるで未来がわかっているかのように思い込み，否定的なことだけを見る場合があります。未来にこういうことが「起こるに違いない」あるいは「起こるはずだ」と投影することによって，現在に苦しみがつくり出されてしまいます。最悪の出来事を投影することによって，問題を増やさないようにしてください。実際に起きるまでは，問題はそこにないのです。

相手を一方的に非難する

> 私は，トミーが眠れなくなったのは，面会交流のときに父親が暴力的なテレビゲームで遊ぶことを許可しているからだと思っていました。トミーが父親の家で週末を過ごした後，3，4日たたないと睡眠のリズムが戻らなかったからです。私は父親に対して腹が立ち，いつも一方的に非難していました。やがて，トミーの不眠が悪化したので，専門家に相談しました。基本的に，それは父親をもっと攻撃するためでした。カウンセラーは，ゲームが不眠の理由というよりは，いがみあう両親の家を行き来することに問題を抱えているのかもしれないですね，とやさしく指摘してくれました。カウンセラーと一緒にトミーと話し合ってその可

能性を探っていくと，その指摘が正しかったことが明らかになりました。息子を悩ませていた離婚のあれこれについて話し合うことができたのです。そして，いろいろなことについて話し合ったためか，トミーの不眠はよくなりました。

問題について相手を一方的に非難することは，問題の背景を探ることを妨げます。一方的な非難は，一方的な見方で問題を切り取り，問題の暗い影に目をつぶる効果的なやり方といえます。「私はそんなことは言ってないわ」「あなたはそう言ってなかったじゃない」「そんなこと絶対に言ってないぞ」と自分が発言していることに気づいたら，別の見方で問題を見る必要があるかもしれません。「思考・感情・行動サイクル」を整理してみてください。あなたの感情や思考は何ですか？　否定的な出来事をつくり出したと思われる行動は？　元配偶者の非難を全面的にやめなさいと言っているのではありません。また，相手の言っていることが全面的に正しいと言っているのでもありません。本書は，解決ではなく問題に加担している自分の見方を誠実に見直してみようと提案しています。あなたがその一歩を踏み出すと，問題がよりシンプルになり，扱いやすくなるでしょう。

罪悪感に溺れる

私たちが問題解決の行動を避けるために無意識的にとる別のやり方は，罪悪感に溺れることです。「すべきだった」あるいは「すべきではなかった」と思うことによって，私たちは行き詰まってしまいます。私たちは無意識的に，罪悪感を十分に認めることができたら，何かをすることから放免されると思い込んでいるのかもしれません。しかしながら，単純に文法を変えるだけで，私たちは罪悪感の犠牲者から積極的な問題の解決者に変化し，前に進むことができます。この変化をもたらすためには，「すべきだった」を「することもできた」に言い換えるだけでよいのです。自分が選択するという意識をもつことや，そうした選択の結

第2章 誰が問題ピラミッドの頂上にいるのか？

果による違いを見てください。

「週末は外出せずに，元妻が出て行ったときにもっていかなかったモノを片づけるべきだった」と言うと，あなたには他に選択肢がなかったように聞こえます。しかし，「週末は外出せずに，元妻が出て行ったときにもっていかなかったモノを片づけることもできた」と言うと，週末の過ごし方についてあなたが取り得た選択肢の1つに聞こえます。「彼女のモノを燃やすこともできたはずだ。友人を招待して火をつけるところを見てもらうのはどうだっただろうか。マシュマロを焼くこともできたかもしれない！」。「することもできた」という言葉には力があります。なぜなら，この言葉は他にも選択肢があることを想定しているからです。

罪悪感は，出来事について「すべきだった」と捉える見方を押しつけ，堅苦しい頭をもっと大きくしてしまいます。メディアによってつくり上げられた役割モデル（たとえばホームコメディのママやパパ）によって，私たちはスーパーマンやスーパーウーマンになれると思い込まされています。そのため，私たちは何かをできなかったり，何かになれなかったりすると，罪悪感を抱くのでしょう。同じように，私たちは何でもできるだけでなく，何でもやりたいと思わなければならないと思い込んでいます。このプレッシャーと感情が出会うと，罪悪感が生み出されるのです。

罪悪感は信仰や道徳と調和しているときに限って，役に立ちます。それ以外の場合，罪悪感は不必要な苦悩をつくり出すだけでしょう。加えて，罪悪感は自分が「間違っている」という根深い思いを含んでいるので，自己肯定感を砕き，今後についての選択や行動に自信をもつことができなくなります。

「すべきだった」を「することもできた」と言い換える練習を通して，自分にどのような選択肢が浮かび上がってくるかを観察してください。別の選択肢に気づき，自分の選択に責任をもつことは，あなたにパワーを与えます。ときにその力はあなたを怯えさせたり，不安にさせたりす

るかもしれません。なぜなら，あなたはそのパワーに馴染んでいないからです。しかし，元配偶者とやりとりをする状況で，あなたにいろいろな選択肢があることは，よいことではないでしょうか？

パワーに気づく

　自分自身に気づき，自分の思考を変化させるには，時間がかかるかもしれません。そこで本書では，多くの人が責任を回避する一般的な言い方を紹介し，これまでの弱気な選択を言い換える新しい言い方を提案します。そうした新しい言い方を使うとき，自分のパワーに気づき，自分の選択に責任をもつ道を歩んでいるはずです。

　古い言い方：「私は（夕食会に行くことが…／仕事に出ることが…）できません。なぜなら，（子どもの面倒をみることがあまりにも負担）だからです」

　新しい言い方：「私は（夕食会に行くことを…／仕事に出ることを…）選びません。なぜなら，私は（娘／息子を健全に育てることに努力すること）を選んだからです」

　古い言い方：「なぜ，あなたは（スージーの授業料の振込日を／春休みの日程を／金曜日にサッカーの試合があることを）教えてくれなかったの？」

　新しい言い方：「私は（授業料の振込日を／春休みの日程を／サッカーの試合予定を）見ていなかったわ」

　古い言い方：「あなたが（私を怒らせた／他の保護者たちの前で私に恥をかかせた）」

　新しい言い方：「私は（怒っています／他の保護者たちの前で恥をか

いたことを気にしています)」

古い言い方：「（元配偶者，あの最低なヤツ）とやりとりする必要がなかったら，うまくできるのに」
新しい言い方：「（元配偶者，あの最低なヤツ）とやりとりしなければならないことは面倒だけど，うまくできるようにがんばっています」

古い言い方：「私は（週末に家を片づける）べきだ。でも，そんなことはけっしてできないってわかっている」
新しい言い方：「私は（週末に家を片づける）こともできる。しかし，その代わりに，（ジムに行くことを）選ぶかもしれない」

古い言い方：「あなたは私に何を望んでいるの？　もう耐えられない。私は今難しい時期を歩んでいます」
新しい言い方：「私は今難しい時期を歩んでいます。最善を尽くそうと試みています。少なくとも，ピューリッツァー賞（訳注：ジャーナリズム，文学，作曲などの功績者に対して与えられる賞）にノミネートされるようにがんばっています。次回こそノミネートされるかもしれません☺」

コインの裏側：責任を引き受けすぎること

　自分の選択に責任をもつことがあなたにコントロール感を与えることを理解し，また自分の選択が結果を生み出すことを受け入れることによって，よりよい選択が可能になるでしょう。さらに，相手を非難せずにやりとりを続ける言い方や，責任を回避したり拒否したりしないことを学ぶと，責任をもつべき状況と責任をもつ必要のない状況を区別する

ことができるようになるでしょう。

　しかし，ここで警告しておきます。責任をもつことは，あなたにコントロール感を与えます。したがって，責任を引き受けすぎる誘惑が待ちかまえているのです。多くの人は，自分がすべてを何とかすべきだと思い込んでいます。他の人はやらないから自分がやらなければと思い込んでいるのです。そのような人は，引き受ける必要のない責任まで引き受けてしまう傾向があります。たとえば，他人の感情や問題についての責任です。責任を引き受けすぎる人は，しばしば責任に圧倒され，尊重されていないことに不満を感じます。一方で，責任を引き受けない人は，コントロール感をもちつつ，息苦しくなります。こうなると，状況はとても複雑になり，問題の解決に取り組むことすら難しくなります。ここでは，あなたが解決する必要のない問題に取り組んでいるかどうかを見分けることを手助けするために，「問題ピラミッド」と名づけたテクニックを紹介します。このテクニックによって，あなたの問題かどうかを見定めることができるようになります。

問題ピラミッド

　多くの人は，自分のものではない問題を解決しようと試みて，たくさんの時間を無駄にします。たとえば，子どもがベッドの下に「お化け」がいると思って眠れなくなったとき，多くの親はその問題を代わりに解決しようとします。そして，「ベッドの下を見てごらん。お化けなんていないことがわかるよ」と子どもに言ったりします。あるいは，特別な「お化け退治スプレー」を発明して，お化けがいなくなるように，部屋中にスプレーをまくかもしれません。しかし，それでお化けはいなくなるでしょうか？　なかなかいなくなりません。

　ここでは問題が誰のものかを見分けることが大切です。ベッドの下のお化けは，明らかに親の問題ではありません。それは子どもの問題とい

第2章 誰が問題ピラミッドの頂上にいるのか?

えるでしょう。そして,子どもの問題なので,問題の解決策も子ども自身が考え出さなければなりません。もちろん,怖がっている子どもを見放すことを提案しているのではありません。そうではなくて,子どもが自分自身で解決策を見いだすように勇気づける支持的なテクニックを使うのです(このテクニックは第6章「子どもが問題ピラミッドの頂上にいるとき」で詳しく説明します)。

　問題が子どものものであることに気づけないと,あなたはたくさんの時間やエネルギーを無駄にして,問題を自分で引き受けてフラストレーションを抱えることになります。

　特定の状況において問題が誰のものかを見分けることは,自分の責任を放棄することではなく,誰かを非難することでもありません。そうではなくて,行動の決断を可能にするのです。

　問題ピラミッドは,問題を解決するための責任をもつ必要は誰にあるのかを見分ける助けになるでしょう。誰に責任があるのかを理解すれば,解決のための効果的な方法を決断することができます。ピラミッドを下段から上段へと読んでください。

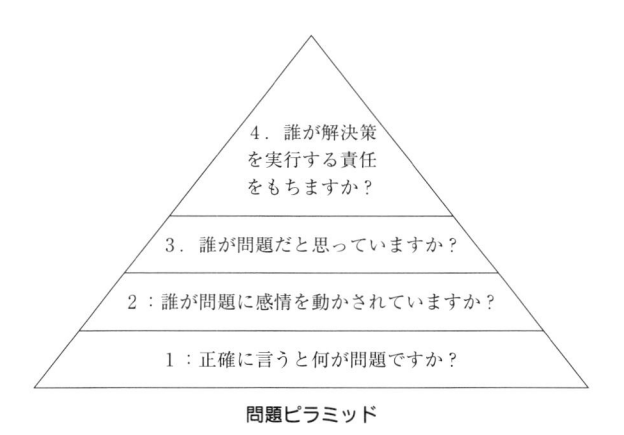

```
            /\
           /  \
          / 4. 誰が解決策 \
         /  を実行する責任  \
        /   をもちますか?    \
       /──────────────────────\
      /  3. 誰が問題だと思っていますか?  \
     /──────────────────────────────\
    /  2：誰が問題に感情を動かされていますか?  \
   /──────────────────────────────────────\
  /      1：正確に言うと何が問題ですか?        \
 /──────────────────────────────────────────\
```

問題ピラミッド

それでは，このシンプルな公式がいかに問題を解決する効果的な方法であるかを見ていきましょう。たとえば，次のような問題です：元配偶者が子どもを迎えに来るときに，ノックもせずに家の中に勝手に入り込んでくる。

1. **正確に言うと何が問題ですか？**：「思考・感情・行動サイクル」を思い出し，自分の感情を見つめ，その感情を生み出した思考に気づくと，大きな問題を個別の諸要素に分割し，それらを別々に見ることができます。家に勝手に入り込んでくる元配偶者のケースにおいて，あなたは，元配偶者はもうここに住んでいないので，勝手に入り込んでくる権利はないと考えているかもしれません。あなたは侵入されていると感じているのではないでしょうか。
2. **誰が問題に感情を動かされていますか？**：感情を動かされた人を一覧表にしてください。本書では「問題について感情をもっている人」と言わないことに注意してください。このレベルは，とりわけ否定的な感情を捉えるためにあります。このレベルでは，1人の名前だけがあがるわけではないので，次のレベルを見ることも重要です。ここでやめてしまうと，あなたは自分のものではない問題を引き受けてしまうかもしれません。元配偶者が家に勝手に入り込んでくるとき，あなたは感情を動かされています。一方，元配偶者はあなたの家に勝手に入り込んでいることにまったく問題を感じていないでしょう。
3. **誰が問題だと思っていますか？**：誰が問題だと思っているかを見分けることが難しいこともあります。2人以上が同時に問題だと思っているように見えることがあるからです。また，あなたは問題ピラミッドに取り組んでいて，問題解決を目指しているので，時々自分だけが問題に気づいているように思えるかもしれません。しかし，問題だと思うことができるのは1人だけで，（いつもで

はありませんが）たいてい最初にその問題を言葉にした人だと念頭に置いておきましょう。元配偶者が楽しそうに家に入り込んでくるならば，彼女がそれを問題だと思っていることはありません。なぜなら，彼女にとってそのことは問題ではないからです。この場合，あなたがそのことを問題だと思っているのです。

4．**誰が解決策を実行する責任をもちますか？**：誰が問題の解決策を実行する責任をもつのかは，レベル2と3の組み合わせで決まります。もし，あなたが感情を動かされ，そしてあなたが問題だと思っているならば，あなたの名前がレベル2と3であがっているので，すなわちレベル4でも名前があがるということです。

逆に，元配偶者が感情を動かされ，問題だと思っているならば（本人がそれを問題だと思っていようといまいと），元配偶者の名前がレベル2, 3, 4であがることになります。

また，子どもが感情を動かされ，問題だと思っていることもあります。その場合は，子どもの名前がレベル2, 3, 4であがります。

レベル2と3であがる名前が違うことはほとんどありません。なぜなら，状況に満足している人が問題だと思っていることはまずないからです（家に勝手に入り込んでいる元配偶者のように）。しかしながら，理論的にはそれらのレベルで違う名前があがることもありえます。その場合，レベル3に名前のあがった人を問題ピラミッドの頂上に決めます。

レベル4に名前のあがった人が，必ずしも問題解決の意欲をもっているわけではないと知っておくことも重要です。しかし，あなたの次の行動は，ここで名前があがった人に合わせて変えなければいけません。もし，ここであなたの名前があがったならば，第3章「あなたが問題ピラミッドの頂上にいるとき」で紹介するテクニックを使います。もし，ここで元配偶者の名前があがったならば，第8章「元配偶者が問題ピラ

ミッドの頂上にいるとき」のテクニックを使います。そして，もしここで子どもの名前があがったならば，第6章「子どもが問題ピラミッドの頂上にいるとき」を読んでください（まだ第6章に行かないでください！　この章から読み進めてください！）。

一般的な問題とその頂上にいるのは誰かを見分ける

　問題ピラミッドの頂上にいるのは誰かを見分ける参考のために，次のシナリオを見てください。簡単にテクニックを学ぶことができるように，とてもシンプルな問題を例としてあげます。

　「元夫は週末の面会交流のときに息子の宿題をもたせない」
　　誰が感情を動かされていますか？　　　　　あなた
　　誰が問題だと思っていますか？　　　　　　あなた
　　誰が問題ピラミッドの頂上にいますか？　　あなた

　「土曜日の夜はパパが8時にベッドに行けと言うの」
　　誰が感情を動かされていますか？　　　　　子ども
　　誰が問題だと思っていますか？　　　　　　子ども
　　誰が問題ピラミッドの頂上にいますか？　　子ども

　「元妻が深夜2時に電話してきた。息子が39度の熱を出したからだ」
　　誰が感情を動かされていますか？　　　　　元妻（そして，深夜に起こされたあなた）
　　誰が問題だと思っていますか？　　　　　　元妻
　　誰が問題ピラミッドの頂上にいますか？　　元妻

　「元夫が息子に送ったメールを読んだ」

第2章 誰が問題ピラミッドの頂上にいるのか？

誰が感情を動かされていますか？	あなた（そして，もしかすると子ども）
誰が問題だと思っていますか？	あなた（そして，もしかすると子ども）
誰が問題ピラミッドの頂上にいますか？	あなた（そして，もしかすると子ども）

次に，もっと複雑な状況を見ていきましょう。9歳の娘エイミーが土曜日の夜7時30分に母親ジェインに泣きながら電話をしてきました。父親がテレビを見せず，すぐにベッドに行きなさいと叱ったからです。

> 電話が鳴ったとき，私はちょうど映画を見に行くところでした。電話を取るとエイミーが泣き叫んでいました。父親が彼女のお気に入りのテレビ番組を見せず，ベッドに行きなさいと叱ったので，家に戻りたいと言っていました。なぜ父親は彼女をそれほど早く寝かせようとしたのでしょうか？ とにかくエイミーは泣き続けていました。彼女が落ち着いた頃には，映画に間に合わなくなっていました。私の夜はだいなしになったので，腹が立ち，疲れました。

誰が問題ピラミッドの頂上にいますか？ 一見すると，多くの人は母親が問題を抱えていると自動的に思うかもしれません。なぜなら，母親が映画を見に行けなかったからです。さらに，母親はエイミーの味方であることが明らかです。母親も娘のベッドに行く時間が早すぎると感じています。母親の感情は巻き込まれ，彼女の計画がだいなしになったので，彼女は自分の問題だと感じて，解決したいと思っているかもしれません。しかしここで，母親がこれは問題だと思って元夫とやりとりしても，短気を起こすだけで，時間とエネルギーを無駄に費やすだけでしょう。さて，問題ピラミッドでこの問題を本当に解決する必要があるのは誰かを見てみます。

1. **正確に言うと何が問題ですか？**：エイミーは父親の家で楽しい時間を過ごしていません。そこで彼女は泣きながら母親に電話をしました。母親の外出する計画はダメになりました。エイミーを落ち着かせるために時間を使わなければならなかったからです。
2. **誰が問題に感情を動かされていますか？**：エイミーはベッドタイムが早すぎるので怒っています。母親は自分の計画がダメになったので怒っています。
3. **誰が問題だと思っていますか？**：エイミーです（エイミーが母親に電話をしなければ，母親が問題を抱えることはありませんでした）。
4. **誰が問題ピラミッドの頂上にいますか？**：エイミーです！　なぜなら，ピラミッドのレベル2と3でエイミーの名前があがっているからです。母親を支える最も効果的な方法は，エイミーが自分の問題を自分自身で解決するように手助けすることでしょう。エイミーが直接父親とやりとりすることを母親が勇気づけるならば，母親は元夫と相手宅のルールについて不毛な争いをせずにすみます。結局，相手宅のルールは，相手に決定権があるのです。エイミーに直接父親とやりとりさせると，母親はエイミーに自信を与えることになるでしょう。そして，エイミーは，今後は母親の助けを必要としなくなるかもしれません。そうなると，ジェインは，エイミーからの電話に対応したり，元夫と言い争ったりせず，土曜日の夜を過ごすことができるようになるのです。

　子どもが問題を抱えている場合は，あなたが離婚した後であっても，自分が親であることを思い出すことが重要です。たとえ自分の計画がダメになったとしても，子どもが問題を抱えているならば，親は子どもに耳を傾ける責任があります。それが時間を無駄にするフラストレーションのたまるプロセスであることは理解できます。しかし，あなたがしっ

第 2 章　誰が問題ピラミッドの頂上にいるのか？

かり子どもと関わるならば，子どもは自分の問題を自分自身で解決できるようになり，結果的にあなたの時間を守ることになるのです。

次のエクササイズを試してください。「子どもがほんのちょっとでも具合が悪いと，元妻はいつも面会交流の予定を変更する。彼女の新しい夫が子どもの病気によって仕事に影響が出ることを嫌がっているからだと思う」。

　　誰が問題に感情を動かされていますか？　　新しい夫とあなた
　　誰が問題だと思っていますか？　　　　　　新しい夫
　　誰が問題ピラミッドの頂上にいますか？　　新しい夫

では，次のいくつかのエクササイズを自分でやってみてください。解決策を考えて身動きできなくなることに気をつけてください。単純に，誰が問題ピラミッドの頂上にいるかを見つけてください。

1. 娘は抗生物質を飲まなければいけないのに，元夫は正しい時間に薬を飲ませることを絶対に覚えていません。
2. 元夫は数か月ごとに電話してきて，経済状況がどれだけひどいかを言ってきます。養育費を減額させようとしていることは間違いありません。
3. 元夫は週末の面会交流のときにソフトボールの練習を休ませることはまったく問題ないと考えています。
4. 元妻は娘の成績について私に文句を言ってきます。娘が感じているストレスを考えると，私はよくやっていると思います。
5. 娘は「パパの新しいお嫁さんは嫌い。皿を洗わせたり，部屋の掃除をさせたりするの。あんな家には行かないわ！」と言います。
6. 元夫はいつも私より高価なプレゼントを息子にあげるんです。
7. 息子は「ママは最低だよ！　毎日，学校か家まで歩かせるんだ」と訴えました。

8．元夫と子どもたちがスカイプでチャットするときは毎回，家の中の模様替えをしたかについて詮索されているように感じます。

　誰が問題ピラミッドの頂上にいるのかを見分けると，誰が問題の解決策を実行する責任をもっているかがわかります。もちろん，誰が問題ピラミッドの頂上にいるかに関係なく，あなたは解決に向かって進んでいかなければなりません。しかし，問題ピラミッドは行動の方向性を指し示してくれるでしょう。

　エクササイズの答えです。
　　1：あなた，2：元夫，3：あなた，4：元妻，5：子ども，6：あなた，7：子ども，8：あなた

第3章
あなたが問題ピラミッドの頂上にいるとき

戦いを厳選する

　葛藤解決を成功させる最も重要な要素の1つは，戦いを厳選することを学ぶことです。元配偶者に問題を持ち出す前に，それを注意深く考え，その問題が本当に重要かどうかを自問しましょう。細かいことまでケンカ腰の元妻は，相手から「うわぁ，彼女はいつも文句を言うんだよな」と敬遠され，無視されるのではないでしょうか。あなたは絶対に譲れないことを通す必要があります。しかし，子どもが手袋をしているかどうかとか，ジャンクフードは週1回にしてほしいとか，シャワーは今晩か明晩かというような，どうでもいいことが時々言い争いのネタになっていないでしょうか。ときには，相手の好きにさせて，自分のことをしましょう。

> 　ジェイクは，火曜日の夜は，父親と過ごします。私が水曜日に息子のお弁当箱を洗おうとふたを開けると，キャンディの包み紙，クッキーやポテトチップスのかすがありました。父親が，お弁当にサンドイッチをつくるとは思えません。ジャンクフードだけでしょう。私は，ジェイクにヘルシーな昼ごはんを食べてほしいのですが，元夫とこのことで話し合っても絶対にうまくいかないと思いました。それで今は，水曜日にジェイクの学校へお弁当を届けるか，前の晩にヘルシーなお弁当をもたせています。あるいは，1日くらいお昼はジャンクフードでもよいことにしています。

この母親は，元夫と口論してエネルギーを消耗するよりも，自分で行動を起こして問題を回避するほうがずっといいと考えました。このような状況はたくさんあり，成り行きに任せて何もしないほうがよい状況もあります。そうはいっても，問題がきわめて重要で，あなたが行動を起こさなければならず，介入に全力を尽くすことが求められる場合もあります。

あなたが介入する必要があると感じるときは，成功に向けて行動計画を立て最善を尽くしましょう。

行動計画を立てる

あなたは，定刻に到着する必要がない車の旅行をしたことがありますか？　そのような旅行では，あなたは道すがら景色を楽しみながら，疲れるまで運転し，快適そうな宿泊施設があればふらっと立ち寄り，翌朝目覚めたら気の向くままに運転を再開することができます。すばらしい旅行の方法です。プレッシャーもストレスもありません。しかし，仕事の会議に出席しなければならない場合，あなたはこの方法で旅行するでしょうか？　もちろん，しないでしょう。この方法だと成り行き任せで効率が悪いので，あなたは会議に間に合わないかもしれません。事前にきちんと計画を立てなければならないのです。

仕事の会議に車で向かうときのように，問題ピラミッドの頂上を見分けることは，あなたが最短の時間で目的地に着く旅行計画（この場合は，コミュニケーション旅行）を立てることに相当します。行動計画を立てることは，元配偶者とこれから行うコミュニケーションの青写真をつくり出すことを意味します。

この行動計画あるいは青写真は，いくつかの情報を含みます。（1）いつ，どこで，元配偶者と話すか，（2）もし，やりとりが敵対的になったら，あなたはどうやって距離を置くことができるか，（3）あな

たの「私を主語にした発言（私ステートメント）」や「ポジティブな主張」は何か，（4）もし，「私ステートメント」が相手にされないとき，あなたはどう行動するか。

これから，「私ステートメント」と「ポジティブな主張」について説明していきます。

元配偶者といつどこで話すかを決める

私たちが紹介するテクニックは，その場の成り行きで突然話し合うことになった場合に使えます（このやり方を適用すると，しばしばきわめて効果的です）。しかし，できれば元配偶者と話す時間と場所は，事前に設定しておくとよいでしょう。仕事の旅行のたとえ話を思い出してください。突然，すべてを中断して急いで出発しなければならないとしたら，あなたは下着のような大切なモノを荷物に詰め忘れるかもしれません。それでも，あなたはなんとか会議の時間に間に合い，うまくやれるかもしれません。けれども，おそらく些細なことが気になって，居心地が悪いのではないでしょうか。

あなたが，元配偶者と大事な問題で話し合う約束をするときは，相手に全神経を集中して関わり，相手にも同様のことを要求するでしょう。これは，問題解決を目指すために必要な，相手を尊重する姿勢です。この姿勢があれば，問題について自分の立場から考えたり，感情的にならず論理的に話し合ったりするための準備ができて，居心地よく感じ，情報はあると感じる余裕がもてます。

あなたが前もって時間を調整できないとき，元配偶者は無視したり，逆にケンカをふっかけてきたりしやすくなります。というのは，あなたが相手の不意を突いているからです。あなたは，元夫の論理的な反応ではなく，感情的な反応を引き出すかもしれません。彼は，あなたの問題とはまったく関係ないことで怒り，あなたにあたるかもしれません。多

くの場合，古いことわざの「タイミングがすべて」というのは的を射ています。ジリアンが，元夫ベンとのやりとりで言わなければならなかったことを見てみましょう。

> 私はクリスという男性と出会いました。彼は金曜日に出かけようと誘ってくれました。デートを何か月もしていなかったので，私は本当に楽しみでした。そのうえ，娘ダイアナは，週末に父親のところへ行くことになっていました。ところが，金曜日，私が家に戻るとすぐに，所用が入ってデートができなくなったとクリスからメールが来ました。私は，デートがなくなったことに大きなショックを受け，落胆し，また彼が直接私と話すために電話をしてくれなかったことに腹が立ちました。こんな気分のときに，元夫が玄関のベルを鳴らし，「なんでダイアナは，年に2回も歯医者に行かなきゃいけないのか？ 定期検査は，1年に1回で十分じゃないか？ それに，なんで君は町で一番高い歯医者にしなければならなかったのか？ もっと安いところだっていいじゃないか」といきなり話し出したのです。彼が歯医者のことをくどくど言うので，私は平常心を失い，彼の目の前でドアを勢いよくバタンと閉めました。ダイアナは，私たちが叫んでいるのを聞いて，完全に動揺していました。私は何と声をかけたらいいのでしょうか？ 私は，また，すべてをめちゃくちゃにしたと思いました。

　ベンが，相手の都合も聞かずに，大事なことを話し合おうとしたのは，間違いでした。彼が前もって，「僕はダイアナの歯医者の請求書のことで，どうしても話し合いたいことがあるんだけど，今いい？」と尋ねていたら，ジリアンは「今はだめ，すぐにやらなきゃいけないことがあるの。明日の朝10時頃はどう？」あるいは「いいわ，今来てちょうだい」と答えることができたでしょう。

　元配偶者と話し合う時間を決めるときは，どちらが提案する場合でも48時間以内に会うことにし，その約束を厳守することが常によい方法です。

第 3 章　あなたが問題ピラミッドの頂上にいるとき

中立的な場所を見つける

　あなたが約束をしたら，会う場所を決める必要があります。一番いいのは，中立的な場所，2人の職場や家以外のどこかです。子どもが近くにいないこと，話を聞いていないことも確認しましょう。余裕をもって約束の場所に着けば，遅刻して余計な負い目を感じたりしないですみます。

> マーサは，面会交流の日程について話し合いたいと電話をしてきました。私は，今は無理だけど，今晩ならいいよ，と答えました。彼女は，わかったわ，それじゃあ私の家で会いましょう，と提案してきました。彼女が，私たちの家だった場所を言い出したとき，私は，身の毛がよだつ思いでした。

　元配偶者の陣地で会うことは，あなたに不利です。とりわけ，そこがあなたの家だったときは。そこにいると，気持ちが落ち着かないでしょう。あなたは家の中を見渡し，自分がいたときと比べて，変わったことと変わっていないことが気になるかもしれません。加えて，昔のなじみある場所は，昔の行動パターンを引き起こす契機になりやすいでしょう。
　同じように，元配偶者の職場に行けば，あなたは知らないうちに動揺してしまいます。一般的に，机の向こう側に座っているのは，偉い誰かと決まっています。元配偶者がその偉い人だったら，あなたの言い分や主張は，その力関係のために，おそらく威力を失うでしょう。あなたは，まごついて自信を失います。元配偶者は，自分が慣れている環境にいるので，大胆に振る舞うと同時に，明らかに攻撃的になるかもしれません。もしあなたが電話で話し合うことができないなら，コーヒーショップ，美術館，デパート，公園のベンチを話し合いの場所として設定しましょう。

2人の関係を変える：戦いをやめて，ビジネスライクに

　古い行動パターンを変えるのは難しいことです。あなたが元配偶者に会いに行く前に，相手との関係をプライベートな関係というよりビジネスの関係とイメージすると役に立ちます。あなたの子どもを最も価値ある資産とみなし，元配偶者はこの資産価値を損なわずに維持するための仕事上のパートナーあるいは取引先と考えてください。話し合いが始まったら，元配偶者が自分の商品を売りたい取引先あるいは百万長者の顧客だとしたら，私はどう振る舞うべき？と自問しましょう。

　多くのビジネスパーソンは，口汚く罵り合いません。取引先から誤解され，否定されても，職業人は丁寧に対応します。とくに相手が，必要な顧客のときはなおさらです。

　これと同じくらい重要なのが，恨みや怒りの感情を元配偶者との話し合いから排除することです。あなたが取引先に対して，儲かる，面倒だ，やる気が出ないという感情を抱いても，表情に出さないのと同じように，自分の思考や感情を胸の内におさめ，元配偶者に言うのは控えましょう。

　あなたの資産（あなたの子ども）と取り組むべき仕事に焦点を当ててください。取引先とやりとりをしているときのように，元配偶者のよいアイデアを認める機会を積極的に見つけましょう。ビジネスでは，取引先に話を聞いてもらえた，丁寧に対応してもらったと感じてもらうことが大切です。元配偶者にそう感じてもらうのは難しいですが，効果は同じです。

> 　元夫が，祝日のことで提案をしてきました。私は最近，元夫の言うことすべてに偏見をもっていることに気づいていました。そこで私は，子どもの同級生のお母さんが同じ提案をしてきたと考えてみました。すると，どうだったと思いますか？　子どもの同級生のお母さんから同じ提案をされたと考えてみると，くだらないとは思わなかったんです。

最後に，ビジネスのつきあいのように，約束は誠実に守りましょう。もし，日曜日は都合が悪いことが事前にわかっているならば，早めに予定を調整しましょう。もし，娘をお泊りの誕生日会に行かせるつもりならば，行かせるつもりはないと元配偶者に嘘をつくのはやめましょう。

あなたが元配偶者にしてほしいことを知る

ビジネスの会議と同じように，話し合いが始まる前に，あなたが自分の目的をわかっていれば，自分の期待する結果に焦点を絞れて，多くの場合，その結果を得ることができます。

> 元夫の小切手が不渡りで何度も戻ってきたので，私の銀行がその件で私に苦情を言ってきました。元夫は彼の銀行に問題があると言い訳をしていました。そこで私は元夫と会う前に，彼の銀行から私の銀行への謝罪の手紙を要求することにしました。すると，彼はあっさり「いいよ」と言ったので，私はびっくりしました！

私を主語にしたコミュニケーション

「私ステートメント」は，私を主語にした穏やかな言い方です。私ステートメントは「私は」で始まり，自分の考えや気持ち，希望などを，相手を責めることなく伝えます。「私は不満があります」「私は不安です」「私はそれでかまいません」は，すべて私ステートメントの例です。

あなたが問題ピラミッドの頂上にいて，状況を変えたいとき，本書は私ステートメントを用いたコミュニケーションをすすめます。実際，あなたが問題ピラミッドの頂上にいるかどうかに関係なく，相手が元配偶者，子ども，親，上司，部下の誰であっても，私ステートメントで話す能力は，あらゆる会話で効果的な柔軟性のあるコミュニケーション・ス

キルです。私ステートメントがどれほど効果的かを説明しましょう。

　私ステートメントを十分に理解するために,「あなたステートメント」(あなたを主語にした言い方)と比較するとわかりやすいでしょう。あなたステートメントは,状況について相手を責め,非難的な口調で,防衛的な身構えを誘発します。いくつかのあなたステートメントを見てみましょう。

　「あなたはいつも時間通りに来ない」
　「もしあなたが私の話を聞かないなら,私はあなたと裁判でやり合うわ」
　「何であなたはそんなにケンカ腰になるの？」

　あなたステートメントは,相手を主語にした言葉による攻撃の形式です。多くの場合,防衛的な反応と否定的な「思考・感情・行動サイクル」を引き起こします。
　反対に,私ステートメントでは,文章の主語は,相手ではなく話し手です。先述の内容と同じ問題でどんなふうに異なるかを見てみましょう。

　「私は,約束した時間を過ぎたので,イライラしていたの」
　「私は,話の腰を折られ,聞いてもらえていないと感じています」
　「私は,ケンカしたくない」

なぜ私ステートメントが効果的なのか

　私ステートメントは,相手を脅さず,基本的に相手を尊重します。穏やかな口調を保って私ステートメントを使っている相手とケンカするのは難しいでしょう。考えてみてください。ほとんどの人は,「私はイライラしている」に対して「いや,あなたはイライラしていない」,ある

いは「私はケンカしたくない」に対して「いや，あなたはケンカしたい」とは，言わないはずです。

　もともと，私ステートメントには，防衛的な返答をしにくいのです。あなたステートメントで言うと，攻撃されている感じや脅されている感じを相手に与えますが，私ステートメントは自分の考えや気持ちを伝えるだけです。あなたが話している相手は，自己肯定感が傷つかないように自分を守ろうとは思わないで，好意的に返答するでしょう。

　私ステートメントがとてもよい他の理由は，気持ちを穏やかに保てることです。「私は，〜〜と感じている」「私は〜〜と思う」「私は〜〜したい」という公式を，役者が台詞を覚えるように習得すれば，緊張は緩和します。

　最初はこの新しい話し方が自然に出てこなくても，練習すればあなたの話し方の一部になります。元配偶者はこの話し方で話すことがまったくできないかもしれませんが，少なくともあなたがこのテクニックで応じれば，たいてい衝突は避けられるでしょう。

声の調子とボディランゲージ

　前節で，私ステートメントで会話をするときは，穏やかな口調を使うように言いました。ボディランゲージと同様に，声の調子が果たす役割を過小評価してはいけません。カリフォルニア大学のアルバート・メラビアン博士（Dr. Albert Mehrabian）の研究によると，会話は3つの要素から成り立っています。言葉，声の調子，ボディランゲージです。声の調子や表情が話し手の言葉と一致しないとき，聞き手は非言語（ノンバーバル）の手がかりを信じ，言葉（話している内容）を信用しないことが明らかになっています。

　具体例をみましょう。あなたが「私はがっかりしている」と言っても，声の調子が怒り，威嚇していれば，相手は「あなたは本当に最低なヤツ，

すぐにでも殺してやりたい」と受け取る可能性があります。同じように，「私はケンカしたくない」と攻撃的な口調で言えば，相手はケンカを売られた（闘争的な口調）と受け取り，言い返してくるでしょう。

ボディランゲージとアイコンタクトも重要です。あなたが，私ステートメントで話しているとき，視線を逸らしたり，肩をすぼめたり，貧乏ゆすりをすれば，元配偶者の気分を害するでしょう。あなたの意図を理解してもらうために，自信に満ちた態度が重要です。

相手の敵意をやわらげるポジティブな主張

私ステートメントは，先述したような簡潔な形式での使用が威力を発揮します。また，私ステートメントの後に「ポジティブな主張」を加えると，もっと効果があがります。ポジティブな主張とは，あなたが次に期待していることや異なるやり方を望んでいることを，相手に伝えることです。

「私は，約束の時間を過ぎたので，イライラしていたの」
　　　　　　　　　　　　　　　　　　　　　　（私ステートメント）
「お願いだから，時間通りに来てね」　　（ポジティブな主張）

「私は，話の腰を折られ，聞いてもらえていないと感じています」
　　　　　　　　　　　　　　　　　　　　　　（私ステートメント）
「お願いだから，私の話に耳を傾けて。そうすれば，私も喜んであなたの話を聞くわ」　　　　　　　　　　　　（ポジティブな主張）

「私は，ケンカしたくない」　　　　（私ステートメント）
「2人が落ち着くまで，この話はやめよう」　（ポジティブな主張）

第3章　あなたが問題ピラミッドの頂上にいるとき

ポジティブな主張　対　ネガティブな主張

　ポジティブな主張では,「～～をしてほしくない」ではなく,「～～をしてほしい」という言い方をしてください。たとえば,「お願いだから言葉に気をつけてほしい」は,「お願いだから乱暴な口を利いてほしくない」よりも効果があります。同じように,「遅刻してほしくない」よりも「時間通りに来てほしい」のほうが,相手から期待する結果を引き出しやすいでしょう。

　あなたが「そうしないで」「そうするのをやめて」のように否定的な言い方をすると,実は相手に「間違い」をしてほしいというメッセージを送っているのです。多くの場合,人は「しないで」「やめて」という言葉を聞き逃して,してほしくない「内容」だけを聞いてしまいます。あなたが「私に乱暴な口を利いてほしくない」と言う場合,相手には「乱暴な口を利いて」と聞こえるのです。加えて,相手は「してほしくない」という言葉にひっかかり,「私に指図をするなんて厚かましい！」と考え始めるでしょう。すると,相手は防衛的になり,あなたのメッセージを誤解するだけでなく,あなたに非難を浴びせることになります。

男女間のコミュニケーション

　男性と女性では,コミュニケーション・スタイルが異なると言われています。ジョン・グレイ（John Gray）の『ベストパートナーになるために――男は火星から,女は金星からやってきた』(訳者注：大島渚（訳）三笠書房 2001年)とデボラ・タネン（Deborah Tannen）の『わかりあえない理由――男と女が傷つけあわないための口のきき方10章』(訳者注：田丸美寿々・金子一雄（訳）講談社 1992年)は,男女間のコミュニケーションがいかに難しいかを示しています。Y染色体が脳の特別な部位に損傷を与えた

り補強したりすることや，生まれか育ちか（遺伝か環境か）を論じたり，男女のステレオタイプのことを言っているのではありません。男性と女性では，コミュニケーション・スタイルが異なることを単純に指摘しているだけです。

　女性は，相手に同調し，感情に敏感な傾向があります。女性は，相手の感情の動きをとても敏感に理解します。一方，男性は，どういう状況かを知りたがります。男性は，情緒（感情）が動くことを望みません。一般的に，男性は，具体的にどういう行動が求められているかを言ってもらえば，それを肯定的に受け止めます。

　私ステートメントとポジティブな主張を組み合わせると，男女ともに効果があります。男性が使うと，自分の感情を伝えることになるので，元妻は彼が言うことに耳を傾けやすくなります。というのも，女性は，気持ちのやりとりによく反応するからです。同じように，女性が使うと，ある状況で具体的にどうしてほしいか（それは元夫がいつも最も知りたいことです）を明確に伝えることになるので，元夫は彼女の言うことに耳を傾けやすくなります。

　あなたが男性・女性のどちらに話しかけているかによって，より効果的にするために基本的な公式を微調整してください。男性に話すときは，最初にポジティブな主張，それから私ステートメントにします。「私といるときは，もっと丁寧な言葉を使ってください。乱暴に言われると，私は頭に来ます」。女性に話すときは，最初に気持ちを伝えます。「乱暴に言われると，私は頭に来る。私といるときは，もっと丁寧な言葉を使ってほしい」。

「いつも」と「絶対に」をなくす

　私ステートメントとポジティブな主張を使うとき，重要なことは，「いつも」と「絶対に」をなくすことです。「いつも」や「絶対に」とい

う事実は，めったにありません。これを言われると，聞き手は間違いなく激怒します。それぞれの状況を過去に起きた出来事から切り離し，今に限定して，過去を蒸し返さずに話すことが大切です。私たちの怒りと苛立ちは，繰り返されるひどい出来事によって引き起こされますが，あなたが，今まさに起きていることに焦点を当てれば，変化は生じやすくなります。

「あなたステートメント」および「いつも」と「絶対に」を使った言葉を見てみましょう。

> 「あなたはいつも時間通りに来ないから，私はまた遅刻することになるわ。あなたは絶対に私の予定のことを考えてくれない。あなたは絶対に自分の時間を割いてくれない。なぜあなたはいつもそんなに無神経なの？」

次の話し方は，どうでしょう。

> 「私は，今晩の映画を観損なったから怒っているの。お願いだから，来週は早めに来てね」

最初の話し方は，相手がいつも遅刻しているかどうかに関係なく，自分を守ろうとする防衛的な身構えの引き金になり，すぐに言い争いになるでしょう。反対に，2番目の話し方をされた人は，冷静にその場にいることができます。

しかし，失敗しないでください。「いつも」と「絶対に」を挿入すると，私ステートメントとポジティブな主張を簡単にだいなしにすることができます。3番目の話し方を見てみましょう。

> 「私はあなたが絶対に時間通りに来ないから怒っています。私は結局

いつも予定をキャンセルすることになるの。お願いだから，今後は時間を守ってほしいわ」

あなたの会話を効果的にする

　私ステートメントとポジティブな主張を使い始めても，簡単にコミュニケーションの古いスタイルに戻ってしまう傾向があります。たとえば，

　「私は怒っています。あなたがこんなにバカだから」
　「おまえは結局，準備をして時間通りに来ることができないんだな」
　「私は，あなたがいつも無責任だから怒っているの。一生に一度でいいから，食べたお皿を下げてくれる？」

　あなたが誰かを罵ったり，「激怒している」あるいは「ムカついている」といった激しい感情表現を使うとき，元配偶者は身構えて感情的に返答しやすくなります。できるだけ効果をあげるために，相手を悪く言うのはやめて，あなたの激しい感情に目を向けることが大切です。実は，あなたの強い感情が，第1章で述べたように，微妙な感情を覆い隠しているかもしれません。私ステートメントが，感情を覆い隠す代わりに，その感情を強調するとき，本当に伝えたいことを伝えられます。
　これから，いくつかの典型的なコミュニケーションを見ていきます。まず，私たちを行動に駆り立てる，隠された感情を明確にします。それから，強調したい感情を決め，それに基づいて私ステートメントとポジティブな主張を公式化してみましょう。

　古い言い方:「サラの傘を忘れるなんてあんたはバカね。ちゃんと考えてから行動できないの？」
　隠された感情:怒り

第 3 章　あなたが問題ピラミッドの頂上にいるとき

強調したい感情：サラの健康状態への心配
新しい言い方：「サラが雨で濡れて帰ると，私はサラの体調が心配になるわ。今度から雨が降っているときは，サラに傘をもたせてほしいの」

古い言い方：「またマークの誕生日を忘れたなんて信じられない。誕生日を覚えるのに，ロケット科学者は必要ないはずよ？わかっているわよね！」
隠された感情：嫌悪（皮肉まじりの会話）
強調したい感情：落胆
新しい言い方：「あなたがマークの誕生日を忘れていたことに，私はがっかりしています。来年はあなたのスマホのスケジュールに書いておいてください」

古い言い方：「アマンダの学校の発表会に来なかったなんて信じられない。おまえは本当に思いやりがないんだな！」
隠された感情：不信感
強調したい感情：悲しみ
新しい言い方：「私は，君がアマンダの発表会に来なかったことが悲しいよ。来週，彼女のピアノの発表会があるから君に来てほしい」

古い言い方：「僕はリジーをおまえの家に連れて行くことなんてできないぞ。冗談じゃない。つべこべ言わないで迎えに来ることはできないか？」
隠された感情：激怒
強調したい感情：不満
新しい言い方：「僕がリジーを君の家に連れて行くことは納得できな

いな。君が迎えに来ることのできる違う日程にしてほしい」

　あなたが強調したい感情を見つける練習をすれば，もっと心地よく感じるようになります。激しい感情になったときは，その感情は別の感情を隠していると仮定して，もっとわかりやすい感情表現が見つかるまで，相手に感情をぶつけるのはやめましょう。

練習すればできるようになる

　私ステートメントとポジティブな主張の練習を今日から始めましょう。子どもに試してみてください。

「お風呂場の床に脱いだ服があると，ママ，イライラするわ。洗濯かごに入れてね」

次は友人です。

「私は今誰ともつきあっていないから悲しいわ。申し訳ないけど，恋人の話はしばらく遠慮してくれる？　その代わりに，今週末，一緒にどこかに行く話をしない？」

今度は，元夫です。

「寒くなくても，ジェーンに帽子と手袋をもたせてね。ジェーンが帽子と手袋なしで家に来ると，私がっかりするの」
「土曜日は11時までに迎えに来てください。土曜日の朝になるまでハナの迎えの時間がわからないと困ってしまうから」

今度は，性別を変えてやってみましょう。怒りをぶつけず，他の感情表現を使うように心がけてください。元夫に話してみましょう。

> 「マットのホッケーの予定を私に送ってちょうだい。試合前日の晩まで予定がわからなくて，それなのに私に予定の変更を期待されても困るの」

元妻に話してみましょう。

> 「君が，娘たちの前で僕のことを悪く言うとすごく心配になる。僕のことを怒っているなら，2人だけのときに言ってほしい」

私ステートメントが，抵抗にあうとき

　私ステートメントは，便利で有効な一方で，期待する返答がいつも返ってくるとは限りません。私ステートメントとポジティブな主張は，結婚生活に存在していた意識的・前意識的な長期間の支配関係に反するので，ときに抵抗にあいます。婚姻関係が終わっていても，この力関係を変えるのは，とても怖くて難しいことです。あなたが，慎重に考えられた，脅威を与えない，明快な私ステートメントを用いても，元配偶者は驚き，ショックを受けるのです。

　たとえば，あなたが私ステートメントを使っても，壁に向かって話しているような気持ちになることがあります。元配偶者は，わめいたり，怒鳴ったりはしません。反応しないのです。この場合，あなたは，メタファーを使った私ステートメントを試してみるとよいでしょう。メタファーは，いわば手元にある似たような絵に色をつける作業です。それは，個人を特定しないで，明らかに脅威を与えないやり方で要点を伝える方法です。

たとえば,「あなたが携帯ばかり見ていると,私は無視された気持ちになる。私の話に集中してほしい」と言っても,元夫が行動を変えてくれなかったとしましょう。そのときは,相手になじみのある話題を使った言い方に変えてみてください。もし元夫が,バスケットボール好きなら,バスケの試合にたとえて話します。

> 「私たちがトミーの成績が落ちたことを話しているとき,あなたが携帯をずっと見ていると,バスケットボールのコーチが話しているのに,選手の1人が無視してシュート練習を続けている状況にいるコーチの気持ちになるわ。選手がチームの話し合いを注意して聞かなければ,その選手はチームに貢献しているといえる？　私が話しているときは,私の話をよく聞いてほしいの」

大切なことは,メタファーは簡潔に,元配偶者にしてほしい異なるやり方を伝えることです。メタファーは,私ステートメントやポジティブな主張の代わりではないことを覚えておいてください。元配偶者に1回でうまく伝わらなかったときに使う別の話し方にすぎません。

元配偶者が,あなたの気持ちをまったく理解しないとき

あなたが何と言おうと,元配偶者はわめき散らす昔のやり方に固執するかもしれません。元夫があなたの新しい話し方に対して,「おまえがどう思っているかなんて,俺にはまったく関係ない」と言うならば,自分がしてほしいことを事前に確認し,脅さず身構えずに話すとよいでしょう。たとえば,「わかったわ。あなたの口から聞いたわ」と言い,それから,あなたがしてほしいことを繰り返します。「私は,あなたに～～してほしい」。

もし元配偶者が罵倒し続けるなら,2人が落ち着くまで,時間を置きましょう。「あなたがどれほど怒っているかわかったわ。時間を置いて,別のときに話しましょう」と言ってください。

皮肉は使わない

　皮肉は，機知と遊び心に富んでいるという人がいます。正しく用いれば，そうでしょう。しかし，元配偶者との深刻な会話のときは，皮肉は火に油を注ぐことになります。とくにあなたが相手の否定的な性質を指摘したときは。繰り返しますが，ビジネスの関係と考えた場合，取引先が「火曜日の9時に会いましょう」と言ったときに，あなたは取引先に「いいですよ。その時間だったら，あなたはいつも冴えていて元気でしたよねぇ？」と返すでしょうか？

　皮肉は，言語的表現であっても，目玉をぐるりとまわすような非言語的表現であっても，軽蔑のあらわれで，敵意的な態度であり，共同養育の話し合いには不適切です。

距離を置く

　元配偶者との会話が敵対的（ケンカ腰）になったとき，会話中にその場から離れるために，事前に言い訳を考えておくといいでしょう。前もって考えておけば，昔のやり方や否定的なサイクルが頭をよぎったとき，苛立ちが少なくなります。会話に制限を加えるため，最初に「今日は少ししか話ができないの。だから簡潔にしてね」と言うこともできます。

　もし元配偶者が罵倒してきたら，「別なときに，この続きを話しましょう。今日は〜〜をしなければならないから」と言ってください。事前に考えておいた言い訳を言いましょう。そうすれば，たとえあなたがびくびくしているときでさえ，あなたは敏腕で，冷静で，落ち着いて見えます。

　たとえば，以下のような言い訳はどうでしょうか。

「私，行かなくちゃ。人を待たせているの。また話しましょう」

「私，行かないと。税理士（病院，美容院，歯医者）の約束があるから」

「私，行くわ。友人と会うの。別のときに話しましょう」

「私，行かないとならないわ。友人の子どもを迎えに行く約束をしているの」

「私，行くわ。郵便を受け取らないとならないの」

「私，クリーニング屋が閉まる前にクリーニングを取りに行かないとならないの。あと少しで終わりにしたいわ」

あなたが，その場から離れる言い訳をしたら，手帳を取り出し，次の話し合いの時間を約束しましょう。すぐに次の約束を決めることで，元配偶者は，あなたが相手を避けているとは思わず，あなたは有利な立場を保てます。別の言い方をすれば，あなたが一目散に逃げたとしても，そうは見えません。

元配偶者との会話中に，あなたがその場から離れることができれば，冷静になれて，成功をおさめることができます。

成功に向けて

あなたが問題ピラミッドの頂上にいるときは，一般的に，あなたに譲れない一線や守りたいルールがあるのに，元配偶者がそれに従わないときでしょう。基本的に，私ステートメントとポジティブな主張は，元配偶者にそうした新しいルールを明確に単刀直入に伝えます。しかし，うまくいかなくても，がっかりしないでください。そのような状況でも，あなたに自信を与え，あなたが譲れない一線を元配偶者にわかってもらう行動がまだ残されています。

私たちは自分の言葉が真剣であったことを行動で伝えることができま

す。効果的であるためには，断固とした態度で，個人的感情を交えないで，懲罰的あるいは軽蔑的でなく，はっきりと行動する必要があります。問題に関連した行動を起こしたら，丁寧に説明してください。元配偶者に復讐するためではなく，自分の都合をちゃんと相手に伝え，次回から元配偶者に，あなたの譲れない一線を理解し尊重してもらうことが目的です。たとえば，あなたが美容院の予約を10時に入れているのに，元夫が約束の9時半になっても子どもの迎えに来ないで，10時15分にやって来たとします。彼は迎えに来たとき，どこに子どもを迎えに来てほしいかを書いたメモがドアに貼ってあるのを見つけるのです。

ポジティブな主張に選択肢をつけ加える

　最も効果的な制限設定は，選択肢を与えることです。前もって元配偶者に選択肢を与えると，不意を突かれたとは感じません。不意を突くことは，怒りや激怒の引き金になります。たとえば，元配偶者がいつも遅れることがわかっているなら，ポジティブな主張が守られない場合に，あなたがとる行動をつけ加えておくとよいでしょう。

　「あなたが遅れると困るの。ジャスティンを9時までに迎えに来るか，
　　あるいは，私がジャスティンをあなたの姉の家に連れて行くから，
　　そこに迎えに行ってください」

　ポジティブな主張に選択肢をつけ加えるときは，簡潔に「あるいは」という言葉を加え，あなたの要求が断られた場合に，あなたがどうするかを元配偶者に伝えてください。
　選択肢は，特定の状況において，相手が取り得る行動にしてください。選択肢があるので，元配偶者は，最終判断は自分が下している（状況をコントロールしている）と感じるでしょう。人は，決定権が自分にある

と感じるとき，制限に抵抗したり，違反したりしない傾向があります。しかし，あなたが元夫を脅して，「いい加減，時間通りに迎えに来なさいよ。そうしないなら，私は子どもをあなたの姉の家に連れて行くから，勝手に迎えに行ってちょうだい」とケンカ腰で言うなら，元夫は，今後，時間通りに来ないでしょう。

選択肢をつけ加える前に

あなたが元配偶者に選択肢を与える場合，それがうまくいくかどうかを確認しておくことが大切です。たとえば，義姉が家にいなければ，娘をそこに連れて行けないので，このような選択肢の提案はやめましょう。そうでないと，あなたは，自分の提案を実行できない状況にみずからを追い込んでしまいます。元夫は，次のときにまた遅れても，あなたが提案する選択肢を単なる脅しと理解し，真剣に受け止めないでしょう。これはあなたにとって不利で，元夫は，あなたの譲れない一線を聞き入れなくなるかもしれません。

問題の解決策をブレーンストーミングする

多くの人は，気の利いた選択肢や行動を考えることが，一番難しい作業と感じています。しかし，現実には，誰もが問題を創造的に解決する能力をもっています。他のことと同じように，練習すればうまくなります。

有効な行動のレパートリーを増やし，創造的な解決を目指すために役立つテクニックは，実現可能な選択肢についてブレーンストーミングすることです。何も考えつかないと決めつけるのはやめましょう。ブレーンストーミングの目標は，あなたの考えつく解決策を，非現実的で非常識なものも含めて，すべてあげてみることです。ときに「バカげた」考

第3章　あなたが問題ピラミッドの頂上にいるとき

えが，解決策を生み出します。

いろいろなやり方のブレーンストーミングがありますが，さしあたり，紙と色ペン，あるいは好みの書きやすいサインペンを使います。問題を紙の上のほうに簡潔に書いてください。そして，考えつく解決策を何でも書いていきます。紙を自由に使ってください。落書きでもかまいません。それから，少し休憩を取り，リラックスして，深呼吸したり，ストレッチをしたり，音楽を聴いたり，好きな歌を口ずさんで，頭をすっきりさせます。それからまた作業に戻り，あまりにも非現実的で実現不可能な考えは削除してください。創造的な解決策が見つかるまで何時間も何日もかかります。できるだけ時間をかけましょう。創造的な友人がいたら，手伝ってもらってください。

いつも遅刻する元配偶者についてのブレーンストーミングの結果を見て，他にどのような選択肢があるかを考えてみてください。たとえば，あなたの子どもが10歳以上ならば，あなたは1人で外出し，元夫が迎えに来たときに，鍵をかけるように子どもに頼むことができます。あるいは，あなたは子どもを連れて出かけ，元夫が家に子どもを迎えに来たとき，あなたがどこに行き，何時に戻るかを書いたメモを見るように，玄関に貼っておくことができます。あなたは，すぐに来てくれるベビーシッターを頼み，費用は元夫に払ってもらうこともできます。あるいは，ハワイ旅行に逃げ出し，問題を回避することだってできます。

このプロセスには終わりがありません。肝心なことは，「かわいそうな私，私はどうしたらいいの？」から，「この方法はうまくいくかしら？」に考えを変えることです。あなたが考えつく解決策の多くは，ハワイへの逃避のように非現実的かもしれません（あなたが一番したいことでしょうけれども）。しかし，あなたがブレーンストーミングであらゆる可能性を考えることできれば，最終的にあなたは最善の方法を選択し，ポジティブな主張につなげることができます。どのようになるかを見てみましょう。

「時間通りに来てね。そうでないと、あなたが娘と出かけるとき、娘が鍵をかけることになるわ」

「時間通りに来てね。そうでないと、私は約束があって外出するので、あなたは息子をあとから迎えに来ることになるわ」

「時間通りに来てね。そうでないと、あなたが来るまで娘を見てくれるベビーシッターを頼むことになるから、あなたが迎えに来たとき、その費用を払うことになるわ」

「時間通りに来てね。そうでないと、あなたは娘をあなたの姉の家に迎えに行くことになるわ」

「時間通りに来てね。そうでないと、私はハワイに飛び立ち、旅行費用はあなたもちにするわ！」

二者択一の罠にはまらない

　私たちは、グレーゾーン（あいまいな領域）が苦手なので、ブレーンストーミングのプロセスで、しばしば行き詰まります。現実には、たくさんの異なる選択肢があるのに、私たちは多くの場合、状況を全部か無か、黒か白かに捉えます。たとえば、道路の横断中に「止まれ」のサインになったら、あなたは他に選択肢がないと考えるかもしれません。あなたは信号が変わるまで、その場所に立っていなければならないからです。でも現実には、あなたは信号に背いて走って横断するのではないでしょうか（車にはねられる可能性もあります）。しかしながら、この選択は明快で、多くの場合、私たちはそれが自分の選択であるとはまったく考えません。

　他の可能性は、歩道まで戻り、信号が変わってから横断することです。あるいは、道路の横断を止めて、信号のことを忘れることかもしれません。覚えておいてほしいのは、あなたがその選択を好まないとしても、あるいは、実際にはありえない選択だとしても、選択肢は存在するとい

うことです。

時間をかけて取り組む

　あなたの「私ステートメント」がどれほどよくても，ポジティブな主張がどれほど公正であっても，それでもときに抵抗にあいます。そういうときは，ビジネスの会議を思い出してください。有能なビジネスパーソンは，納得しない顧客に直面したとき，「時間をかけて取り組もう」と思います。「ゆっくり取り組むことが必要だ。顧客はまだ納得していない。話をだいなしにしたくない。多額の資金が投じられている」。対照的に，あなたが抵抗する元配偶者に直面したとき，まず思うことは「またか」です。「今，私の言い分をわかってもらわないと，今後も絶対に理解してくれないだろう。とても難しいけど，今わかってもらわないと！」。違いは歴然ですよね？

　抵抗にあったら，時間をかけて取り組むことが大切です。元配偶者とよい関係を築くまでには時間を要します。婚姻中にうまくいっていなかったのであれば，なおのことです。

質問する

　元配偶者が，あなたの提案する制限や解決策に抵抗したときは，威嚇的でない言い方で質問しましょう。元配偶者は質問されると，あなたが自分の言い分に関心をもっていると感じます。また，質問に対する回答によって，以前は知らなかった豊富な情報を得ることができます。解決策を一緒に考えた元配偶者は，あとになって反対する可能性が少ないでしょう。たとえば，

　「あなたが私の立場を考えないなんて信じられない」の代わりに，

「私がこの状況でどうしたらいいかを教えて」と質問する。

「あなたがしっかりしてくれないなら，私はしかるべき行動をとるわ」の代わりに，
「あなたが求めていることは何なのかを教えて」と質問する。

「私の方法でやるか，それともやらないのかのどちらかよ」の代わりに，
「この方法は，どうだと思う？」と質問する。

「あなたはなんて間抜けなの」の代わりに，
「どうしたらうまくいくと思う？」と質問する。

ロールプレイ：自分の課題に取り組む

　もしあなたの元配偶者が極端に気難しい人だったり，あるいはあなたが元配偶者と非常に困難な局面を迎えていたりするなら，他人のやり方を見習うとよいでしょう。それをロールプレイで練習することは役に立ちます。というのは，たとえ失敗しても生死に関わる問題ではないことがわかり，あなたの古い行動パターンを変化させる助けになるからです。また，何と言っても，ロールプレイは安全で守られた環境といえます。

　友人に協力を求めて元配偶者を演じてもらえば，あなたは新しいスキルを実際の場面で使う前に練習することができます。ロールプレイのために，元配偶者の言いそうなことは何かを考え，それを友人に伝えてください。友人には，ひどい人になってもらい，最悪の事態に備えて練習をしましょう（多くの場合，友人は元配偶者よりも手ごわいはずです）。私ステートメントで会話を始めてください。もしあなたに弱みがあれば，それを最初に打ち明けてください。そうすると，それは弱みではなくな

ります。ビジネスライクに，明確に，軸のブレない会話を心がけてください。それから，立場を入れ替えて，友人にあなたの立場に立ってもらい，あなたが元配偶者の立場に立ってください。友人は元配偶者に対してあなたと同じ経験をしたことがないので，あなたは，友人が使う言葉を聞いたり，友人の声の調子やボディランゲージを見たりすることから，参考になるよい情報を得ることができます。

まとめ

　私ステートメントとポジティブな主張は，元配偶者との会話を成功に導きます。あなたが事前に自分の要求や譲歩できない一線，さらに元配偶者があなたの要求を無視したときに自分が取り得る行動をわかっていれば，あなたは自信がつき，個人的な目標と離婚の成功の両方を手に入れることができるでしょう。

第4章 あなたが解決しなければならない問題

問題に取り組む

あなたが問題ピラミッドの頂上にいるとき，どのテクニックを使えばよいかを学びました。ここで実際の問題に取り組んでみましょう。私たちは問題を特定し，感情と思考を区別することによって，何が起きているかを解釈していきます。そして，私ステートメントやポジティブな主張の例，その状況で与えることのできる選択肢の例をあげていきます。

パパはいい人

> 息子は，パパはいい人だと思っています。しかし，元夫はいつも嘘をついてばかりいます。元夫は今週の土曜日は仕事があるので息子を迎えに行けないと言いました。けれども，私が息子を面会交流に送り出そうと思って元夫の職場に電話をしたら，彼はいなかったのです。私のはらわたは煮えくり返りました！

▶何が問題ですか？
　「元夫が嘘をつくこと。そして，息子がパパはいい人だと思っていること！」
▶元夫が嘘をつくことが問題ですか？　それとも息子がパパはいい人だと思っていることが問題ですか？
　「両方です！」

第4章 あなたが解決しなければならない問題

いいでしょう。それではそれらの問題を別々に取り上げましょう。まず元夫が嘘をつくという問題を見ていきます。

▶元夫が嘘をつくとき，問題ピラミッドの頂上にいるのは誰ですか？
　　誰が感情を動かされていますか？　　　　　あなた
　　誰が問題だと思っていますか？　　　　　　あなた
　　誰が解決策を実行する責任をもちますか？　あなた
▶あなたの最も強い感情は何ですか？
　「はらわたが煮えくり返ること。フラストレーションがたまっています」
▶フラストレーションの引き金となった思考は何ですか？
　「私は息子と父親が豊かな面会交流を続けてくれたらと願っています。息子は父親を尊敬しています。しかし，父親は私に嘘をついて面会交流を取りやめようとしたのです。父親が最低なヤツなのに，なんで私が時間とエネルギーを割いてまで面会交流に気を使わなければならないのでしょうか。だから，私はフラストレーションを感じているのです。父親が嘘をついた直後に，息子がパパはいい人だと言うとき，はらわたが煮えくり返ります！」
▶あなたはいい質問をしました。なぜあなたは時間とエネルギーを割いてまで面会交流に気を使わなければならないのでしょうか？
　「えーっと……息子がパパと一緒に過ごしたいと感じているからだと思います」
▶あなたは父親の嘘を変えることができますか？
　「いいえ」
▶あなたは父親が面会交流や息子についてどのように感じるかを変えることができますか？
　「いいえ」
▶変えられないことを変えようと自分の時間やエネルギーを費やす価値

はありますか？
「ありません」

多くの親は元配偶者と子どもの関係性（あるいは関係性の欠如）について悩みます。実際，多くの離婚した親は，それが日々の不安や罪悪感の大きな要素の1つだと言います。問題は，あらためて言うまでもなく，他人の関係性をコントロールできないということです。なので，本書では次のようにアドバイスします。

息子と父親の面会交流のために，こちらから電話をすることはやめましょう。元夫のメッセージを行動から読みとってください——元夫は，今週末は息子と会いたくないのです。それだけです。息子と父親の関係性はあなたの守備範囲外であり，うまくいこうといくまいと，そのまま受け入れなければなりません。

息子がパパはいい人だと思っていて，元夫に対するあなたの見方と子どもの見方が違うことは耐え難いでしょう。けれども，元夫が不適切な行動を続けるならば，息子は自分自身でしだいにそのことに気づくはずです。

予定を変更する

> 元妻は頻繁に予定を変更します。そして私にも予定を変更することを求めるのです。私はうんざりしています。しかし，どうしたらよいでしょうか？　元妻が面会交流を直前になってキャンセルしたら，子どもを独りにさせることはできません。

▶何が問題ですか？
　「元妻が頻繁に迷惑をかけてくるので，私は予定を立てることができません」

第4章　あなたが解決しなければならない問題

　このエクササイズを試してみましょう：「できない」という言葉を使うとき，「するつもりはない」という言葉に置き換えてください。これまでの章で述べてきたように，この単純な言い換えによって，あなたは自分にコントロールできる出来事に責任をもつようになります。

　「元妻が頻繁に迷惑をかけてくるので，私は予定を立てるつもりはありません」

▶そうなると，何が問題ですか？
　「私は元妻によって迷惑をかけられているので，自分の予定を立てていません。なぜなら，直前になって予定を変えることが嫌だからです」
▶問題ピラミッドの頂上にいるのは誰ですか？
　　誰が感情を動かされていますか？　　　　　あなた
　　誰が問題だと思っていますか？　　　　　　あなた
　　誰が解決策を実行する責任をもちますか？　あなた
▶最も強い感情は何ですか？
　「私は迷惑をかけられていると感じて，フラストレーションがたまっています」
▶そうした感情を生み出している思考は何ですか？
　「私は予定を立てたいと思っています。そして，予定通りにことが進んでほしいのです。元妻が直前に予定を変更するので，予定通りということはまずありません」
▶状況を変化させるために，自分の時間とエネルギーを費やす価値はありますか？
　「はい。私は予定を立てたいと思っています」

　私ステートメントとポジティブな主張を明確に述べるときが来ました。

ジェンダーに配慮した発言を心がけてください。

「私は直前になって予定を変更されると迷惑です。予定を変更する必要があるときは，どうか48時間前に知らせてください」

元妻が反応しないときはどうすればよいでしょうか？　48時間前に知らせることに同意しながら，それが守られないときは？　そのときは選択肢を示してポジティブな主張をつけ加えてください。

「どうか48時間前に知らせてください。それか，ベビーシッターを雇うので支払いをお願いします」

元妻にベビーシッターの料金を支払ってもらいたいと伝えたときは，その通りに最後までやり抜かなければならないと覚えておいてください。元妻の迎えが遅れたときは，ベビーシッターから元妻に料金を請求してもらうのです。もし元妻が迎えに来なかったら，請求書を送付してください。また，料金がちゃんと支払われなかったら，30日待って「支払期限が過ぎている」と警告を送付してください。

　重要なのは，迷惑をかけられたままにしないことです。元妻がめちゃくちゃだからという理由で自分の予定を立てないことは，彼女のそうした行動に加担することになります。変化の必要がなければ，元妻は変化しようとしないでしょう。その一方で，元妻が来ない場合を見越して，子どものための代替案を含めて予定を立てておくと，あなたは自分の計画の範囲内で動くことができるだけでなく，元妻に彼女の行動の結果を理解させることもできます。

第 4 章　あなたが解決しなければならない問題

フェイスブック

> 元夫はフェイスブックとツイッターにはまっています。そして，子どもたちと毎週末にやったことを，「公園にいます」とか「動物園にいます」という報告とともに，次々と写真で載せるのです。私は週末に子どもたちがいなくて本当に淋しいのですが，そうした写真を見るともっと淋しくなります。元夫のフェイスブックから子どもたちを遠ざけておくことはできないでしょうか？

▶何が問題ですか？
　「私は週末に子どもがいなくて淋しいです。元夫のフェイスブックで子どもたちの写真を見るとひどい気分になります」
▶「ひどい気分」という言葉をどういう意味で使いましたか？
　「たぶん子どもたちが元夫と一緒にいて私は独りなので，嫉妬しているのだと思います」
▶誰が問題ピラミッドの頂上にいますか？
　　誰が感情を動かされていますか？　　　　あなた
　　誰が問題だと思っていますか？　　　　　あなた
　　誰が解決策を実行する責任をもちますか？　あなた
▶最も強い感情は何ですか？
　「嫉妬だと思います。しかし，子どもがいないときの淋しさも感じます」
▶そうした感情を生み出している思考は何ですか？
　「元夫は子どもたちと「楽しい」ことばかりやっているのに，なんで私が平日に子どもたちの宿題をみてあげたり，学校の送り迎えをしたり，骨の折れる仕事をしなければならないのでしょうか？　それに，まるで父親がヒーローか何かのように，たくさんの楽しい写真をフェイスブックに載せるのです」
▶他にもありますか？　淋しさについては？

「わかりません。私も楽しいことができたらと思うことがあります。私は子どものいない週末に必死で雑事や掃除をこなしています」

ここであなたの時間とエネルギーを必要とする問題は何ですか？ 元夫のフェイスブックに写真を載せてほしくないということですか？ あるいは，淋しさを癒す方法を見いだし，そして子どもたちと楽しい時間を過ごしていると感じられるようにすることですか？

「そうですね。それが大切だと思います。週末に外出する理由を見つける必要があります。そして子どもたちと一緒にいるときに，楽しい予定を立てる必要があります」

ときに私たちは自分の問題を解決するとき，相手の行動を変えることではなく，自分自身の行動を変えることが大切だと発見します。この母親は多くの人と同じように感じていました――自分が日常の雑事に追われているときに，元夫がいいところをすべてもっていっている。離婚したあと，2つのことを行うのがとても重要になります。

1. **子どもたちとの楽しい時間をスケジュールに組み込む**：週末のスキーのような，お金と時間のかかるイベントについて話しているのではありません（もちろん，それも楽しいでしょう。もし余裕があれば選択肢に加えてください）。そうではなくて，ここでは自由研究を一緒にやるとか（たとえばユーチューブの動画を一緒に検索するとか），クリエイティブな夕食の計画を練るとか（たとえばダイニングの床でピクニックをするとか），そういったシンプルなことについて話しています。そうした，関係性を築くための小さな活動は，日常生活において子どもとの結びつきを強めるはずです。また，仕事のように感じられる日課を楽しいものに

変えるでしょう。
2. **自分自身の生活をつくる**：結婚して子どもを授かると、「妻／夫」や「母／父」といった仮面に自分自身が埋もれていることに気づきます。妻や夫という役割を手放すとき、自分は何者なのかを再発見する必要があるでしょう。趣味を見つけたり、ジムに行き始めたり、図書館に通ったり、フェイスブックのプロフィールを書き換えたりしてください（元配偶者に対する嫌がらせにならないように！）。孤独感や嫉妬は離婚後によくみられますが、それはあなたが行動を起こすときが来たと知らせています。

一緒に行けなかった大ヒット映画

> 大ヒット映画の予告編を見たら楽しそうだったので、息子と見に行きたいと思いました。けれども、息子と父親の面会交流があったので、初日に連れて行くことはできませんでした。そこで、週末に行こうと約束していました。しかし、父親の家から戻ったとき、息子がもう映画を見たと言ったのです。「すごく面白かったよ！」。私は元夫を殺したいと思いました。元夫はなんて厚かましいのでしょう。元夫は息子と私が一緒に映画に行く予定を楽しみにしていることを知っていました。父親が私たちの計画をだいなしにしたのです。元夫はいつもこうです——私が息子と計画している楽しいことをダメにするのです。

▶何が問題ですか？
　「元夫が私の予定をダメにしました」
▶誰が問題ピラミッドの頂上にいますか？
　　誰が感情を動かされていますか？　　　　　あなた
　　誰が問題だと思っていますか？　　　　　　あなた
　　誰が解決策を実行する責任をもちますか？　あなた
▶最も強い感情は何ですか？
　「私はバカにされたと感じています。そして、本当に、本当に、がっ

かりしました。息子と一緒に映画に行くことを楽しみにしていたからです」

▶そうした感情を生み出している思考は何ですか？
「私は息子と映画に行きたかったのです。なぜ元夫はいつも私を出し抜くのでしょうか？」

ここには2つの問題があります。1つは，あなたと息子があなたの予定した通りに映画に行けなかったことです。もう1つは，あなたの見方によると，元夫はあなたを傷つけるために，これを計画したということです。元夫は以前にも同じようなことをしたことがあるようです。

「その通りです」

では，最初に，息子と映画に行けなくてがっかりしたということから見ていきましょう。息子さんにも責任があるでしょうか？　息子さんは父親にあなたと一緒に映画に行く予定があると言うことができたのではないでしょうか？

「ええ，そうですね。たしかに」

だとしたら，あなたの最初の私ステートメントとポジティブな主張は息子に向かうべきでしょう。

「予定した通りに一緒に映画に行けなくてすごく残念だわ。次回は予定を変えたいときは，まず私に相談するか，お父さんと話し合って別の計画を立ててね」

うまくいかなかったことについては，つい元夫を責めたくなります。

第4章　あなたが解決しなければならない問題

とりわけ，がっかりしたり，嫉妬したり，傷つけられたりしたときは。けれども，元夫がどれだけ最低なヤツでも，その問題が起きた責任は共有していることが多いものです。子どもの選択についてのあなたの失望を子どもにきちんと伝えるとき，あなたは子どもが自分の行動についてよく考えて責任をもつことを教えています。これは子育ての重要な一部です。しかしながら，子どもに罪悪感を抱かせることが目標ではありません。子どもにあなたの感情に気づかせ，たとえ軽く選択した結果であっても，ちゃんと責任をもたなければならないことを教えるのです。そのため，声の調子やボディランゲージをおさえ，丁寧に話すことがとても重要です。

　それでは，元夫によって傷つけられたという感情について見ていきましょう。考えてみてください。あなたが息子を映画に連れて行こうとしていたことを元夫が知らなかったという可能性はありますか？

> 「そうですね。あるかもしれません。しかし彼はしょっちゅう同じことをしています」

　ここには注意すべきことが2つあります。第一に，思い込みを避けることです。もちろん元夫の行動パターンはあるかもしれませんが，あなたが自動的に元夫は自分を傷つけると思い込んでいるならば，あなたは火を消すというよりも火に油を注いでいるかもしれません。事実を確認する前に非難してはいけません。第二に，もし元夫があなたの予定を知っていて，あなたを傷つけるために故意に妨害したならば，やるべきことが2つあります。

1. 私ステートメントとポジティブな主張を使う：
   「次回，あなたが息子と新しい映画を見に行くときは，私と息子が一緒にその映画を見に行く予定を立てていないかを先に確認し

てください。私は息子と話していた映画を見に行けなくて残念に思っています」
2. **パターンを見抜く**：この私ステートメントとポジティブな主張はすばらしいといえます。ジェンダーに配慮していて，穏やかで，丁寧だからです。元配偶者があなたを傷つけるヒストリーを繰り返しているならば，効果がないと思われるかもしれません。ここで元夫の行動パターンを見抜くことが助けになります。元夫が同じことを繰り返すヒストリーをもっているならば，事前にこうしたことが起こり得ると思っておくと失望を避けることができます。元夫が面会交流を行う週末に「大ヒット映画」の封切りがあるならば，元夫が息子を連れていってしまうかもしれないので，別の予定も考えておくか，あるいは元夫に週末の面会交流を交替してもらうことを頼んでみてください。

パーティタイム

> 子どもたちが週末に父親の家に行くと，必ずパーティになります。元夫は子どもたちにジャンクフードを与え，夜遅くまで大人向けの映画を見ることを許可し，まったく健康管理に気を使わないのです。元夫は，日曜日の夜遅くになって，体調を崩し，疲れて，汚れた子どもたちを送り返してきます。

▶何が問題ですか？
「私は父親の価値観に反対なのです。わかりますか？　元夫は子どもたちに暴力的な映画を見せているのです！　また，子どもたちはジャンクフードばかりを食べさせられています。誰が困っているかって？　私です。月曜日の朝になると，子どもたちは体調を崩しているのです」

ここにはいくつかの問題があります。あなたの価値観は元夫の価値観

第 4 章　あなたが解決しなければならない問題

と違います。あなたは子どもたちが大人向けの映画を見ることに反対しています。子どもたちは元夫の家に行くとジャンクフードを食べています。子どもたちが家に戻ったときに，体調を崩した子どもたちの世話をしなければならないので，あなたは困っています。

▶では，誰が問題ピラミッドの頂上にいますか？
　　誰が感情を動かされていますか？　　　　　　あなた
　　誰が問題だと思っていますか？　　　　　　　あなた
　　誰が解決策を実行する責任をもちますか？　　あなた
▶最も強い感情は何ですか？
　「怒っています」
▶その感情を生み出している思考は何ですか？
　「私は，元夫が子どもたちに夜更かしをさせ，ジャンクフードを与えているので，月曜日の朝に困ることになると思っています」
▶状況を変化させるために，あなたの時間とエネルギーを費やす価値はありますか？
　「もちろん。私はもう耐えられません！」

　月曜日の朝にあなたをとくに困らせていることは何ですか？　元夫が子どもたちをお風呂に入れなかったことですか？　元夫が子どもたちに夜更かしをさせたことですか？　元夫が子どもたちにジャンクフードを食べさせたことですか？　元夫が暴力的な映画を見せたことですか？

　「えーっと。私は全部に怒っています。けれども，月曜日の朝にとくに私を困らせていることは，子どもたちが週末のせいで疲れ切っていることです」

　問題を詳しく見てみることを問われたこの母親は，月曜日の朝のおも

な問題は子どもたちの疲労だと答えました。彼女は元夫と子どもたちの週末の過ごし方が気に入りませんでしたが，それが子どもたちに切迫した危険を与えるものではないことに気づきました。さらに，元夫の家で起きていることをコントロールしようとすることは非現実的な目標であり，何とかしようとしても失敗するであろうということを受け入れなければなりませんでした。

▶月曜日の朝について，私ステートメントとポジティブな主張を使う場合，どうなりますか？
「日曜日の夜は早めに子どもたちを戻してください。週末には，ちゃんとお風呂に入れて，よく休ませてください」

この事例の場合，ポジティブな主張だけが必要とされているのは興味深いといえるでしょう。感情は事実を複雑にしてしまいがちなので，そうした感情を含んではいけません。しかし，このポジティブな主張についてよく考えてみてください。言うまでもなく，あなたは子どもたちをお風呂に入れたいと思っていますが，それはあなたの月曜日の朝に影響を与えますか？

「えーっと，いえ，そうではないかもしれません」

▶では，もう一度，ポジティブな主張を述べてください。
「日曜日の夜は早めに子どもたちを戻してください。月曜日の朝にちゃんと目覚めて学校に行くことができるように，週末には子どもたちをよく休ませてください」

よくなりました。この言い方によって，コミュニケーションが論理的かつ正確になりました。さらに，この母親は理由を自分のことではなく

第4章　あなたが解決しなければならない問題

子どもたちのことに関連づけました。

　研究によると，人は何かをしてほしいと頼まれるとき，理由を言われるとより対応しやすくなることがわかっています。これは離婚後のコミュニケーションにもあてはまります。しかし，理由を自分のことではなく他の誰かあるいは何かに関連づけなければなりません。子どもたちに関連づけることで，元夫は自分の行動がいかに子どもたちの月曜日の朝に影響を与えているかを知ることができます。

　また，母親は自分の不満（子どもたちが暴力的な映画を見ている，ジャンクフードを食べている，汚れている）を元夫とのコミュニケーションにすべて含めても，ほとんど意味はないことに気づきました。そうした場合，元夫はカチンと来て，攻撃されたかのように反応するでしょう。状況がよくなるように行動を変化させるという，自分のおもな目的を忘れないようにしてください。それは争うことではありません。

　元夫が反応しなかったらどうすればよいでしょうか？　そこで，彼女は選択肢を示すポジティブな主張を考えました。

「日曜日の夜は早めに子どもたちを戻してください。あるいは，月曜日の朝まで泊めて学校に送り出してください」

　さて，この女性が抱えていた他の問題はどうすればよいでしょうか？　異なる価値観，大人向けの映画，ジャンクフードはどうすればよいでしょうか？　それらについて私ステートメントとポジティブな主張を述べることもできます。しかしながら，彼女がそうしたように，あなたが一番困っている問題から始めるのが最も簡単です。そもそも，すでに指摘したように，元夫が価値観を変化させたり，映画やジャンクフードをやめたりすることはめったにありません。もし，彼女がそうした問題について最も効果的な方法で指摘したいならば，それらによって被る影響を子どもたちに教えるのが簡単でしょう——子どもたちは月曜日の朝に

いつもより早く起きてシャワーを浴びなければならないことにイライラするに違いありません。

離婚した親の多くは，子どもをママの家からパパの家に（あるいはパパの家からママの家に）直接行かせるよりも，「中立的な」場所，たとえば学校などに行かせることのほうが子どもにとって楽だと思うのではないでしょうか。そうすると，子どもは片方の親に「バイバイ」と言いつつ，同時にもう片方の親に「ただいま」と言うような葛藤感情を抱えなくてすみます。したがって，父親に子どもたちを月曜日の朝まで預かってもらうという選択肢は，みんなにとって最善の解決策かもしれません。他の中立的な行き先としては，放課後の習い事や，友人の家，誕生日パーティなどがあります。

スカイプによる交流

> 元夫が子どもたちとの面会交流を増やしてほしいと要求してきました。しかし，元夫は実際の面会交流の時間を増やしたいわけではありませんでした──彼はスカイプで子どもたちと話すことを面会交流と考えていたのです！ 私は毎日子どもの面倒を見ているのに，彼は動画チャットで子育ての義務を果たしていると考えているのです！

▶何が問題ですか？
　「元夫はスカイプを面会交流と考えていて，私は子どもの面倒を見なければなりません」
▶スカイプが問題なのでしょうか？ それとも，子どもの面倒を見なければならないことが問題なのでしょうか？
　「うーん……スカイプはかまいません。子どもたちはスカイプのおかげで父親と毎日話すことができています。スカイプを使う前は，子どもたちは父親と面会交流の日にしか会えていませんでした。けれども，私は自分の時間がないと感じています。父親が面会交流の時

第4章　あなたが解決しなければならない問題

間をスカイプですませているからです。私は自由な週末がほしいと感じています」

　ということは，スカイプは元夫と子どもたちの関係にとって有益なのでしょうか——それはよかったです。おそらく，実際の問題は，あなたに十分な自由時間がないということですね——スカイプが問題ではないですね。

　「はい。そう思います」

▶誰が問題ピラミッドの頂上にいますか？
　　誰が感情を動かされていますか？　　　　あなた
　　誰が問題だと思っていますか？　　　　　あなた
　　誰が解決策を実行する責任をもちますか？　あなた
▶あなたの感情は？
　　「私は自分に十分な時間がないことにうんざりしています」
▶状況を変化させるために，あなたの時間とエネルギーを費やす価値はありますか？
　　「はい。私は時々自由な時間が必要です」

　状況をよく検討していくと，スカイプが問題ではないことが明確になりました。実際，スカイプは子どもたちと父親の関係にとって有益でした。もし母親がこのことを慎重に検討しなかったならば，自分の時間がないという本当の問題ではなく，目新しいテクノロジーを悪者にして，元夫を攻撃していたかもしれません。
　多くの離婚において，もっと自分の時間がほしいという希望は，とりわけ監護時間を等分しなかった場合に，一般的な問題となっています。もし彼女が元夫に対して私ステートメントとポジティブな主張を使った

ら，状況は変化するでしょうか？　それは元夫が彼女の希望にどれだけ共感できるかにかかっています。彼女が考えたコミュニケーションを見ていきましょう。

　「週末はあなたの家で子どもたちの面倒を見てほしいと思っています。いつも私が面倒を見ているので，私は疲れていて，自分の時間が必要なのです」

　悪くありません。試してみる価値はあるでしょう。離婚後の関係が落ち着くと，より友好的になっていく場合があります。以前は無理だったこうした希望も聞き入れてもらえるかもしれません。あきらめてはいけません。
　このケースでは，この希望が聞き入れてもらえなかったとしましょう。選択肢を加えるとしたら，次のような主張はどうでしょうか。

　「この週末は子どもたちの面倒を見てください。あるいは，ベビーシッターの料金を支払ってください」

　この希望は石のように冷たい沈黙で無視されるかもしれないので，（自分の精神衛生のために）元夫など存在しないかのように，この問題に対処するのがよい場合もあります。言い換えると，自分が必要としている時間を確保するために，自分がもっているリソースをどのように利用すればよいでしょうか？　もし経済的な余裕があるならば，ベビーシッターを雇うことができるでしょう。もし近所に助けてくれる人がいるならば，友人やお隣さんに子どもを見てらうことができるでしょう。もし家族が助けてくれるならば，きょうだいに子どもたちを預かってもらうことをお願いできるかもしれません。ここで言いたいのは，あなたが問題を抱えていて，元夫が非協力的な場合，元夫を変えるために，あ

なたの時間とエネルギーを費やす価値はないということです。ときに、あなたのリソースを利用することが、問題を解決する最も効果的な方法となります。

メールが届きました！

> 結婚していたとき、元夫と私は絶対にお互いのメールを見ない約束をしていました。けれども、元夫がありとあらゆる約束を破ったので、私はこの約束を守る必要はないと思いました。私は元夫が家を出たあとに自分のパスワードを変更しましたが、元夫は変更していませんでした。さすがにメールの中身までは見ませんでしたが、私は時々元夫のアカウントに入って自分が送ったメールを元夫が読んだかどうかを確認していました。夫に届いたメールの題名を読んでいたのです。そして私は元夫が誰かとデートをしていて、家を購入しようとしていることを知りました。しかし、そのことを夫に尋ねると、元夫は否定したのです！

▶何が問題ですか？
　「元夫がデートと家の購入について嘘をついています」
▶その嘘は子どもたちと元夫の関係や面会交流に影響しますか？　それはあなたのスケジュールに影響を与えて、不都合を生じさせますか？
　「えーっと、それはありません。しかし、イライラします。元夫がデートをしているならば、私はそれを知りたいと思います。そうすれば、子どもたちとそのことに対処することができます」

この母親は問題ピラミッドの頂上にいます。なぜなら、彼女は感情を動かされて、問題だと思っているからです。しかし、私たちは大切なことを忘れてはなりません。離婚したら、あなたは相手との境界をより強くする必要があるのです。元夫のプライバシーに侵入することは不適切な行動であり、新たな問題をつくり上げてしまいます。たとえ、この母親が元夫のデートについての子どもたちの感情を適切に扱うことができ

るとしても,元夫の情報を探り当てたことは許されるべきではありません。元夫が自分のデートについて彼女や子どもたちに伝える準備ができたときに,母親は子どもたちの感情をサポートするのです。それまでは,何があっても情報を探り出したくなる誘惑に負けてはいけません。

要約

次の要約を読むと,問題が起きたときに,何が起きているかを解釈するという重要な目的に向けてとるべきステップを思い出すことができます。多くの場合,問題が起きたときに,正確な順番でステップを踏んでいく必要があるでしょう。しかし,あるステップを飛ばすことが重要だったり,あるステップが特別な洞察を与えてくれたりすることもあるかもしれません。

このツールを提示する目的は,あなたがもっと柔軟になって自分の問題を見つめ,自分と子どもにとってより幸せな解決策を見いだすことです。もしあなたが正確にステップを踏んでいくことで頭がいっぱいになってしまったら,休憩をとり,別のときに問題を見つめてください。頭でっかちになってしまったら,問題の解決にはつながりません。柔軟でない態度は,問題の解決を導くことはなく,時間とエネルギーを無駄にするだけでしょう。

1. 何が問題なのかをシンプルに描写する。あなたに直接の影響を与えていることだけに絞る。
2. 問題ピラミッドの頂上にいるのは誰かを見定める。
3. あなたの「思考・感情・行動サイクル」を検証する。最も強い感情に名前をつける。
4. 感情を生み出している思考を見つける。
5. この問題を解決したり,状況を変化させたりするために,あなた

の時間とエネルギーを費やす価値があるかを自問する。
6. もし価値があるならば、私ステートメントとポジティブな主張を組み立てる。それを言うべき相手を決める。元配偶者に対して？子どもに対して？
7. 必要ならば、ポジティブな主張に選択肢を加える。
8. あなたが守り通せる選択肢を提示することを忘れないように。

第5章
元配偶者と協力することを学ぶ

変化に取り組む

　協力とは，共通の目標に向けてともに働くことを意味します。元配偶者と協力する精神を育むことは，離婚という戦争からあなたの子どもを守るために武器を手放すことを意味します。元配偶者が口論を吹っかけてきても，それに対して言い返さないことを指します。相手に対して反応することをやめて，あらかじめよく考えて先に行動するのです。子どもを最優先に考えてください。子どもを最低な元配偶者と協力して育てるなんてありえないと思われるかもしれませんが，あなたと元配偶者が争いを続ければ，子どもたちに取り返しのつかない傷を与えることになります。

　あなたが元配偶者に対して，憎しみや怒り，復讐心をもつことは理解できますが，あなたが子どもの前で元配偶者の悪口を言ったり口論をしたりすれば，それはあなたが，子どもに対して言っているのと同じです。子どもたちがそのときに感じる傷つきや混乱は，心の傷になります。あなたの子どもが，あなたと元配偶者の口論を聞いたり，口論しているあなたの表情を見たり，あるいは，あなたの（多くの場合妥当な）嫌悪や怒りを感じるとき，子どもは傷つくのです。あなたがどんな感情のときでも，子どもを中心に考え，元夫婦が親として礼儀正しく，協力して子育てをすれば，子どもは幸せになります。

　元配偶者との関係を変化させる方法は，2つあります。1つは，あな

たの心の状態を変えることです。最初に，あなたの怒りや憎しみの感情を整理します。これらの感情を内省すると，結果として，これらの感情を変えることができます。あなたの感情がひとたび異なるものになれば，行動も自動的に変化します。これはしばしば長い経過をたどり，多くの場合，専門のカウンセラーの援助を必要とします。

　もう1つは，あなたの感情が何であれ，先に行動を変えることです。それは，心臓が止まった人に，心肺蘇生を行うのと似ています。あなたは，人間のからだの内側に入って心臓の状態に変化を起こし，心臓を蘇生させることはできません。だから，外側から働きかけるのです。あなたは相手の胸骨に手を置いて，規則正しく押し続けます。この外側からの力は，やがて心肺機能の変化を起こし，心臓が動き始めます。

　この章で協力スキルを学ぶのは，養育機能を蘇生させることに相当します。あなたが，元配偶者と口論しているときに行動を変化させれば，あなたの内的状態も徐々に変化します。夫婦関係は解消してかまいませんが，養育関係を解消してはいけません。そうなってつらい思いをするのは，あなたの子どもだからです。

闘争・逃走反応（戦うか逃げるかの反応）

　あなたがストレスフルな状況にいるとき，潜在意識は，身体にどのような種類のシグナルを送るかを決定するために，自動的に生理的反応（手の平の汗，動悸，激しい呼吸，手の震え，甲高い声など）を評価します。危険から逃げるべきか？　戦うための準備をするべきか？　それともすべて順調だから，ゆったり座ってリラックスして，お茶を飲んでいればいいのか？

　潜在意識の問題は，生理的反応の原因を見分けられないことです。つまり，元配偶者が子どもを誕生日会に連れて行かなかったことに，あなたが激怒して生じている激しい呼吸なのか，あなたが野獣に追われてい

ると知ったときに生じている激しい呼吸なのか,区別できないのです。どちらの場合も,あなたの潜在意識は,同じメッセージを送ります。逃げるか,戦うか,さもないと食べられるぞ! この動揺を引き起こすシグナルは,言語や論理的思考をつかさどる脳の部分を効果的に遮断します。あなたの反応には,こぶしを握ったり,歯をギシギシさせたり,顔を赤くしたり,電話を叩きつけたり,涙を流したりすることが含まれるでしょう。もしかしたら,他にもあるかもしれません。言い換えると,あなたは純粋に身体で反応しているのです。そのような反応が起きているときは,あなたは問題を解決する能力が低下し,自分で状況をコントロールできなくなっています。

■闘争逃走反応を変化させる

　元配偶者と話すと,闘争逃走反応が生じやすいでしょう。ある父親は,顔を真っ赤にしながら,指の関節が白くなるまで椅子の肘掛を握っていました。彼は,元妻に言いたいことを話題にするだけで,どもりました。彼の口から最初に出る言葉は,例外なく,よくても悪口,ひどければ下品な罵り言葉でした。相手を罵倒する言葉(それがあなたの感じ方だとしても)で始まる話し合いは,協調的でありません。あなたの血圧がすでに高くなり手が震えているとき,あなたの立場はかなり弱くなっています。あなたの心配や怒りを完全になくすアドバイスはできません。しかし,あなたが冷静になるために,精神を集中させるテクニックを用いて,話し合いの間,自信をもって主導権を握れるようにするアドバイスはできます。

深呼吸:冷静になるテクニック

　深呼吸は,あなたの潜在意識と身体の悪循環を断ち,戦うか逃げるかに代わる反応をもたらしてくれます。深呼吸すれば,あなたの潜在意識

が受け取るメッセージは，変化します。基本的に，深呼吸は，恐れることはないというメッセージを潜在意識に送ります。結局のところ，恐れるべきことが起きているならば，深呼吸をする時間もないでしょう！あなたが脳に送るメッセージを変化させれば，あなたを問題解決力のない人間にさせているパニックのシグナル送信は止まります。

　効果的に深呼吸するには，練習が必要です。鏡の前で練習を始めてください。焦らないことです。肺がいっぱいになるまで息を吸い込み，背筋を伸ばし，さらにもう少し息を吸い込んでから，ゆっくり吐き出します。深呼吸するときは数を数えてください。「いーち」と言ってからゆっくり息を吐き出します。「にーぃ」と言ってからゆっくり息を吐き出します。もう一度「さーん」と言ってからゆっくり息を吐き出します。このテクニックは，あなたが元配偶者との会話中に，戦うか逃げるかの反応をしそうになったときだけでなく，元配偶者に電話をかける前や会う前にも役に立ちます。深呼吸を3回しても，戦うか逃げるかの反応を変えられなければ，さらに深呼吸を続けましょう。

■焦らない！

　元配偶者が何かを言ってきたとき，沈黙を埋めるかのように，反射的に返答しようとしていたら，あなたは例外なく戦うか逃げるかの反応に陥っています。そのうえ，あなたは考える時間を自分に与えていないために，不利な立場に置かれます。会話中の沈黙（と深呼吸）は，いつも必要です。

　もし元配偶者が，話し続けていたり，怒鳴り続けていたりしたら，しばらくの間，耳から電話を離しましょう。もし元配偶者と面と向かっていたら，目を閉じましょう。好きでない人を見ながら，呼吸を数えるのは難しいからです。しばらくの間，目を閉じると視覚は遮断されます。それでも深呼吸をして沈黙を保つことが難しければ，友人や家族との会話中に練習してみましょう。最初はぎこちないかもしれませんが，すぐ

に話さなくてはというプレッシャーがなくなるでしょう。沈黙の間，「うーん」という言葉を挟まないことです。沈黙は，何にもまして威厳があります。

あなたの考え方を変える

　元配偶者との協力で難しいことの1つは，相手を否定的に考える傾向です。私が前章で紹介した自滅的な台詞のように，そうした思考は，あなたを否定的な「思考・感情・行動サイクル」に陥れます。たとえば，あなたが「私は彼が嫌い。死ねばいいのに」と考えているとします。あなたがそのように考え続けていると，子どもをキャンプの買い物に連れて行く時間がないという元夫の話を聞いたあとに，あなたはその否定的な思考に基づいた行動をとってしまい失敗するでしょう。自滅的な台詞は，元配偶者との実際の会話に入る前に，あなたをすでに失敗状況に陥れています。あなたは，こんなふうに考えるかもしれません。「そんなことできない。相手はまた私にわめき始めた。私があいつと話すことが煩わしいのは，あいつがろくでなしだからだ」。否定的な思考や怒りを繰り返すと，あなたはさらに否定的になり，さらに怒るだけです。否定的な思考によって，あなたの勢いや力は奪われ，あなたは協力的にではなく，論争的に返答してしまうのです。

■代わりの考え方

　あなたが元配偶者と何かを話し合う必要があるとき，怒り，苛立ち，不安を繰り返すことのないように，会話の前に代わりの考え方を書き出しておきましょう。役者が台詞を覚えるようにそれらを記憶してください。最初は，わざとらしく，ぎこちないかもしれませんが，元配偶者と話す前に肯定的な思考をリハーサルすると，あなたがより有利な立場になっていることに気がつくでしょう。鍵はリハーサルです。あなたは，

第5章　元配偶者と協力することを学ぶ

そうした思考を信じる必要さえありません。リハーサルをしてそれを使えば，あなたは会話中の落ち着きを完全に取り戻します。

リハーサルを実行するために，元配偶者に対するいくつかの典型的な否定的思考と，置き換えるべきより肯定的で（より力強い）思考を列挙します。

　否定的思考：私は彼が嫌い。
　肯定的思考：私は自分の怒りをコントロールできる。

　否定的思考：彼女の問題は何なんだ？
　肯定的思考：とにかく話を聞こう。

　否定的思考：彼はなんて心が狭いのかしら！
　肯定的思考：私はどんな人とでもつきあっていくことができる。

　否定的思考：彼女の口調が我慢できない。
　肯定的思考：会話の内容を聞くことにして，彼女の口調は無視しよう。

　否定的思考：彼といると頭が変になる！
　肯定的思考：私は不快な感情をコントロールできる。

　否定的思考：彼女をブッ飛ばしてやりたい。
　肯定的思考：私は，暴力は振るわない。

　否定的思考：彼はいつも私をバカにする。
　肯定的思考：彼が私をどう考えようと，もはや夫婦でないのだから関係ない。

与えたものを得る

　ヘンリー・グレイソン博士（Dr. Henry Grayson）は，著書『*Mindful Loving*（マインドフルな愛し方）』で，彼が妻との間で実行した興味深い実験を語っています。彼は2週間の間，一日おきに，妻に対する思考を変えてみたというのです。最初の日，彼は仕事をしている間，一日中，妻と一緒にいた至福の時間や妻のあらゆるよい面を思い出しながら，妻への愛する思いだけを考えました。次の日は，一日中，妻のよい面は考えず，彼女に対する批判的な考えや，腹立たしい面だけを思い出しました。肯定的な思考の日は，家に帰ると，妻が玄関で彼をキスで出迎えてくれ，楽しい晩を過ごしました。否定的な思考の日は，彼が家に帰っても，妻がアパートのどこにいるのかさえわかりませんでした。しばらくすると，妻は不機嫌そうに出てきて，その晩は，ちょっとした言い争いになりました。このことから，他人は私たちの思考を「感じ取る」ことができると彼は結論づけています。私たちは人生で「与えたものを得る」というのです。

　元配偶者に対する肯定的思考を練習することは，2人の間の協力の準備を整えます。

理解するために話を聴く

　協力の基本は効果的にコミュニケーションができることであり，よいコミュニケーションの基本は話を聴く能力にあります。スティーブン・R・コヴィー（Stephen R, Covey）は，ベストセラー『7つの習慣──成功には原則があった』（訳者注：川西茂（訳）キングベアー社　1996年）で，「人間関係で最も重要なことをひとつあげるとしたら，まず理解しようと努めることである。そうすると理解される」と述べています。元配偶者の話

を聴き，理解しようとすることは，あなたが思っているよりもはるかに威力があります。

よく言われているように，聴くことは，1つのスキルです。私たちは，親しい人に対しては，ごく自然に傾聴ができますが，聴いてもらえない，誤解されていると感じているときは，なかなかできません。聴くスキルを身につけることは，話を理解することよりも，有益です。

傾聴は，4つの要素にわけることができます。関心，受容，伝え返し，言い直しです。

■傾聴の第一の要素：関心

聴くということは，単純にあなたが話す番まで待っていることや黙っていること，相手の話の内容をただ聞いていることではありません。人は，相手から理解され尊重されることを求めています。私たちが相手に最大限の関心を向けると，相手は聴いてもらえたと感じます——これは傾聴プロセスの重要な要素です。これは，元配偶者の目を見て，腕組みや足組みはしないで，相手の正面で向き合うことを意味します。あなたのボディランゲージによって，最大限の関心を向けていることが相手に伝われば，相手はもはや自分の言い分をあなたにわからせようとする必要がなくなるので，態度をやわらげてきます。

■傾聴の第二の要素：受容

受容は，相手にあなたが聴いていることを言葉と身体で示すことです。「わかった」「そう」「なるほど」などは，言葉で聴いていることを示すよい例です。頷いたり，頭を傾けて興味を示すなど，ボディランゲージを使うことも同様です。

あなたが，元配偶者の言っていることを受け止めて理解することは重要ですが，それはあなたが相手に同意することではありません。たとえば，アンドリューの元妻マギーは，彼に電話をしてきて，お金の文句を

言い始めました。彼女は土曜日もパートで働いているのに，その時間のベビーシッターのお金が支払えないというのです。アンドリューは，元妻がお金を援助してほしいと遠回しに言っているのだと思い，仕方なくお金を渡しました。しかし彼は，自分の思い込みに基づいて行動してしまうのではなく，『そう……わかったよ……君は土曜日のベビーシッターに支払うための余分なお金がないんだね。今年はみんなにとって悪い年だね。土曜日も働くのは大変だね』と伝え返すこともできました。アンドリューが元妻の話を疑って怒り，「君にあげるお金はもうないよ。何回言ったらわかるんだ？」と怒鳴っていたら，どうなっていたでしょう。子どもを巻き込んでの大ゲンカになっていたのではないでしょうか。

■**傾聴の第三の要素：伝え返し**

　伝え返しは，受容とともに行われます。それは相手の感情を想像して相手に返すことです。これは容易ではありません。すでにおわかりのように，多くの場合，怒りの言動で微妙な感情がわからなくなっています。「伝え返し」には，相手の表面的な感情の背後にある微妙な感情を知るプロセスだけでなく，それを相手に文字通り伝え返すことが含まれます。たとえば，「遅刻したことで神経質になっているようだね」「責められていると感じているようだけど」などです。アンドリューが元妻のお金の問題に関わるのをやめたとき，元妻は婚姻中もうまくいかなかった手を使ってきました。「アンドリュー，私はどうしたらいいかわからないのよ。私はベビーシッター代を支払えないの。それだけ」。アンドリューは，「君は本当に参っているようだね。仕事と子育ての両立は大変だね」と伝え返しました。

■**傾聴の第四の要素：言い直し**

　多くの場合，人は，言われたことを自分が理解しているとき，相手の話をきちんと聞いていると思っています。アンドリューは，元妻の不満

話を聞いたとき，元妻はベビーシッターのお金がほしいと言っているに違いないと思い込みました。彼は，彼女に向かって「君にあげるお金はないよ」「これ以上私に何をしろというんだ？」と反射的に爆発するのではなく，彼女の言葉を言い直しました。「マギー，君は僕に土曜日のベビーシッターのお金を支払ってほしいと言っているのかな，違う？」。すると驚いたことに，彼女は当惑し，「アンドリュー，私はあなたにお金を要求しているわけではないわ！　私は面会交流を水曜日の夜から土曜日に変えてほしいだけなの。そうすれば，これから数か月，私にとって都合がいいから」と言いました。

　言い直しは，「あなたはこんなふうに言っているように思うのだけど」と始めてください。「あなたはこう言っているわね」は断定的で，元配偶者はあなたから責められたと感じるでしょう。また，言い直しの最後に「違う？」「あっているかな？」と尋ねれば，その言い直しで正しかったかどうかを確認することができます。そう尋ねておくと，あなたが間違っていた場合，元配偶者は訂正することもできます。

合意点を探す

　その他の重要な協力スキルは，話し合いのときに，合意点を注意深く探ることです。ビジネスの人間関係を思い出してみましょう。良心的なビジネスパーソンは顧客に強く反発されるとき，合意点がないかを注意深く探ります。ビジネスパーソンは考えます。「顧客の主張に全面的に合意するべきなのか？　あるいは，部分的に合意するべきなのか？」。顧客の主張の一部分にでも合意できれば，チャンスをつかめます。それは，暴れている馬の向きを変えるのと似ています。時々，あなたは自分の向かいたい方向に進む前に，その馬が向かっている方向に進まなければならないでしょう。

　元配偶者から攻撃されたと感じたとき，合意なんて考えられないかも

しれません。あなたは「あいつはバカだ。いつものようにあいつが100％間違っている！」と考えて，交渉に応じようとしないかもしれません。しかし，あなたが合意点を探そうとするならば，あなたが手綱を握り，共通の目標と解決に向かっていることを元配偶者に伝えることができます。

押す代わりに引く

合意があなたにとって有利に働くことをさらに理解するために，誰かとエクササイズを試してみましょう。その人と向き合って，ぴったりと手を合わせてください。2人ともできるだけ強く押してください。2人の手が前後に微動するだけでしょう。少ししかコントロールできません。次に，あなたは手を引き，相手は押してみましょう。違いを感じられましたか？　同じテクニックは，言葉の戦いにも適用できます。あなたが何らかの合意をすることは，あなたが手を引き，相手が手を押してくることに相当します。そうすると，あなたがその場をコントロールできるのです。

会話を遮らない

元配偶者との協力的な会話が何回も決裂するのは，私たちが会話を遮るからです。私たちは会話を意図的に遮ることもあれば，無意識のときもあります。コミュニケーションを遮る一般的な方法は，妨害する，助言する，相手の気持ちや見方には意味がないとみなす，防衛的になる，批判的になる，軽蔑する，などです。それらがどんな感じか見ていきましょう。

第 5 章　元配偶者と協力することを学ぶ

■妨害する

　妨害は，会話の決裂を引き起こすよくある原因の１つです。口論のとき，人は相手が話を聞いてくれることを最も望んでいます。あなたが妨害すると，相手は話し終えることができません。あなたは，相手に話を「聴いてもらった」と感じる機会を与えていないのです。協力とは一緒に何かをすることです。あなたが返答する前に，元配偶者に言いたいことを言わせてください。それから，元配偶者に対して，あなたも最後まで話したいことを言いましょう。

■助言する

　会話を遮る他の方法は，頼まれてもいないのに助言することです。あなたが助言者になるとき，協力的な雰囲気はなくなります。

　サムは，家で睡眠の問題がありました。彼の父親スティーブは，11時か12時になるまでサムを寝かせることができませんでした。彼は元妻レイチェルに電話をかけて，サムがレイチェルといるときも同じ問題があるのかを聞きました。

　「レイチェル？　僕だ，サムの睡眠のことで心配している。聞きたいことがある」

　「何？」

　「サムはこっちにいるとき，夜中まで寝かせつけることができないのだけど，君も同じことで困っているかな？」

　レイチェルはため息をつきながら，「あなたがするべきことは，毅然とした態度をとることよ。それが足りないのよ」と言いました。

　「僕は毅然としているよ」とスティーブは言い返しました。

　「明らかに足りないのよ。男の子は，父親の厳しいしつけが必要なの」

　スティーブは，かっとなりました。「君は，僕がよい父親じゃないというのか？　いまいましい奴だ！」彼は怒鳴って電話を切りました。

93

レイチェルは，スティーブの質問に対して助言しながら，自分は彼の役に立っていると思ったかもしれません。しかし，そもそもスティーブは息子が寝つくためのアドバイスがほしかったのでしょうか？　問題は，ただ情報を求められただけなのに，助言してしまったことです。

　元配偶者と協力的にコミュニケーションをとる最善の方法は，賢い助言をする前に相手が何を求めているのかを知ることです。レイチェルに聴くスキルがあれば，2人はうまくいったでしょう。レイチェルは，スティーブに助言する前に，彼が助言を求めているのかを確認することもできたのです。「私がどうしているかを知りたいようだけど，違う？」。そうすれば，彼は「違うよ，君の家でも同じことが起きているのかを知りたいだけなんだ」と答えたかもしれません。

■無意味とみなす

　私たちが相手の感情や見方は意味がないと考えるときも，有効なコミュニケーションが遮られます。誰にでも自分の意見や感情をもつ権利があります。相手に，その人の考え方や感じ方は間違っていると言ったり，ほのめかしたりすれば，相手の妥当な心配を無意味とみなしているので，相手から協力よりも怒りを引き出します。

　ジョッシュの母親シェリルは，元夫に電話で，ジョッシュが元夫の車を混雑時に運転していて心配なことを伝えました。シェリルは，ジョッシュに車の運転を許可するのは，渋滞が始まる5時前か，渋滞が終わる7時以降にしたいと提案しました。

「ハンク？　シェリルよ，今いい？」
「もちろん」
「ジョッシュがあなたの車を借りることなんだけど，ジョッシュが渋滞のときに運転するのが……」「シェリル，バカを言うなよ」。ハンクは，話に割って入りました。
「ジョッシュは運転がうまいから大丈夫だ」

第 5 章　元配偶者と協力することを学ぶ

「ハンク，私は，彼が車を借りる時間を制限してほしいと言っているだけよ」

「シェリル，心配するようなことじゃない。もっとましなことができないのか？」

ハンクは，シェリルの話を妨害しただけでなく，彼女の心配は無意味だと言いました。これによって，ジョッシュの両親のコミュニケーションは決裂しました。

■防衛的になる

あなたが話を聴かずに防衛的になるとき，あなたは会話を遮り，問題を大きくしています。どういうことかを見てみましょう。

「レイチェル？　スティーブだ。サムの睡眠のことで気になることがあって，教えてほしいことがあるのだけど」

「何？」

「サムは，ここにいるとき，夜中になるまで寝ることができないようなんだ。君も同じ問題で困っているんじゃないかと思って」

「何で私も同じことで困っていると思うの？　私はとてもよい母親よ，あなたよりうまく彼をしつけているわ。彼があなたの言うことを聞かないのは，私のせいじゃないわ」

■批判的になる

私たちは，「あなたは～～」という言い方をしたとき，しばしば批判的になります。たとえば，「あなたは，またジェニーの本を入れ忘れたのね」「また遅刻するなんて，信じられない」「あなたって本当にバカね」。多くの場合，人々は不満を伝える場面で，批判的になってしまいます。不満を伝えるとき，私ステートメントを思い出してください。「ジェニーの本が入っていないと，私がっかりするの」「あなたが時間を守ってくれると私は嬉しいわ」「私どうしたらいいかわからない」。私ス

テートメントは，元配偶者を責めるのではなく，協力的な関係を築く助けになります。

■**軽蔑する**

軽蔑は通常，皮肉，見下し，からかい，嘲りを伴います。ハンクのシェリルへの軽蔑は，次の会話にみられます。

「ジョッシュがあなたの車を借りることなんだけど，ジョッシュが渋滞のときに運転するのが……」

「シェリル，バカを言うなよ」。ハンクは，話に割って入りました。

「ジョッシュは運転がうまいから大丈夫だ」

「ハンク，私は，彼が運転する時間をラッシュアワーでない時間に制限してほしいと頼んでいるだけよ」

「そうか，君はたいそう運転が上手なんだな。今までにどれくらい事故を起こしたんだ？ 3回それとも4回？ ジョッシュは君に似たんだな，彼にヘルメットを買ってやるよ」

協力的コミュニケーションのための確認事項

協力的コミュニケーションは，下記の手順で行われます。あなた自身をダンスのパートナーとして考えてください。下記の手順に従って，ダンスのステップを踏んでください。

1. 後ろにステップ：そして，状況を見きわめましょう。このとき，あなたは相手を蹴ることもできますが，その行為は，仕返しを招きます。相手を理解するために話を聴きましょう。すぐに結論を出す必要がないことを忘れないでください。
2. 横にステップ：元配偶者の側に行きましょう。あなたに合意できることがあるかどうかを探しましょう。元配偶者の気持ち，目的，

第 5 章　元配偶者と協力することを学ぶ

動機が何かを考えましょう。
3．前にステップ：あなたの考えをはっきりと明確に伝えましょう。あなたステートメントではなく，私ステートメントを使うことを忘れないでください。
4．別の場所にステップ：妥協できる合意点で終えてください。

　ティムの母親サラは，元夫がある日電話してきて怒鳴り始めたとき，驚きました。「俺の言うことを聞け！」と元夫は言いました。「ティムに町中で自転車に乗らせてはダメだ。今まで自転車がなくても問題なかったじゃないか。そのままでいいじゃないか」。

　協力的コミュニケーションを思い出してください。彼女は，すぐに言い返すのは控えました。その代り，彼女は後ろにステップして，話を聴く態勢に入りました。

　「ジョージ，すごく心配な口調ね，どうしたの？」

　「ティムは，君が誕生日に自転車を買う約束をしたと言っているぞ。私は反対しているだけだ。町中で自転車に乗るのは危なすぎる」

　サラは元夫の側にステップし，彼の考えを聴くことに努め，合意点を探りました。「私も，通りで自転車に乗るのは危ないと思うわ」。

　それから，彼女は前にステップして，彼女の案を伝えました。「私は，彼が自転車に乗るときは公園で，安全のためにヘルメットをするという条件つきで自転車を買おうと思っていたのよ」。

　「そうなのか！」。ジョージは驚き，まったく風向きが変わりました。「私が，そのことを知らなかったんだな」

　それからサラは，別の場所にステップし，会話を終わりにしました。「彼が自転車を乗るときは，公園でヘルメットをするということで合意ね」

　「わかった」。ジョージは賛成し，「ありがとう」と言いました。

　サラは，新しく身につけた協力テクニックを用いてジョージと関わっ

たとき，以前なら言い争いになっていた状況を穏やかに効果的に扱うことができました。

正しくやっていることを認める

　他人と協力的につきあう最も効果的な方法の1つは，相手の努力を認めて感謝することです。私たちは，とても頻繁に，相手の失敗を見つけ，それにこだわります。相手の間違いを指摘すれば，今後の相手の行動を変えることができると誤って信じているからです。残念なことに，相手の間違いを指摘すると行動はさらにひどくなります。そのうえ，相手は，自分は正しいことをしているのに，あなたにわかってもらえないと思い，相手もあなたと同じようにあなたの「間違い」を指摘してくるでしょう。しかし，相手の正当な行いを認めて感謝すれば，相手が今後もその正しい行動を続ける可能性が高まります。あなたが元配偶者は1つも正しいことをしていないと思うときでも，この考え方は2人をより協力的な方向に導きます。あなたが相手の努力を認めるだけでも，相手はそれまでより協力的になるでしょう。

　「あなたが定刻に会社を出ることがどれほど難しいかわかっているわ。今日は，遅刻だったけど，心がけてくれてありがとう」

失敗したら謝る

　あなたが完璧な人間でなくても，協力的な関係は継続できます。私たちはみんな人間です。当然，一緒にやっていかれないときや，元配偶者の前で自制心や冷静さを失うときがあります。そういうときは，謝りましょう。あなたの失敗ではなく，その失敗のあとが大切なのです。「怒鳴ってごめんなさい」と一言いうと，うまくいきます（子どもに接する

第 5 章　元配偶者と協力することを学ぶ

ときも，この重要な点を思い出してください）。

妥協する覚悟をする

　最後になりますが，子どものために元配偶者と協力することは，妥協を意味します。多くの人が，元配偶者との会話を勝つための小さな戦いとみなしています。もしあなたがそのように考え，復讐の気持ちとともに敵と向き合い，すべての会話で相手を打ち負かそうとしたら，1つひとつの戦いには勝つこともあるかもしれませんが，間違いなく戦争には負けます。

　あなたの子どもは，危機的な状況にいます。子どもの自己肯定感が戦いで傷つけば，確実にあなたが考えている以上に失うものは大きいでしょう。あなたに妥協する覚悟ができれば，子どもは幸せになれるのです。あなたは今日まで大変な苦労をしてきました。一人親であることは，簡単ではありません。子どもを育てることは，簡単ではありません。元配偶者との協力は，あなたの成熟，人間としての成長を導き，究極的には，あなたを生きやすくさせるでしょう。

第6章
子どもが問題ピラミッドの頂上にいるとき

子どもを守る

　親になる以前は，子育てに辛抱強さや忍耐が必要になるなんて，予想だにしなかったことでしょう。あなたを疲弊させる24時間ぶっ通しの授乳に始まり，あなたの肝を冷やす子どもの大ケガにいたるまで，あらゆる新しい経験が責任という深い感情を引き起こし続けるのです。多くの親は，子育てについての気持ちを説明してほしいと問われると，子どもの人生に対する莫大な責任の感覚に彩られた，罪悪感，喜び，フラストレーション，怒り，愛情を語ります。そして多くの親は，子どもの面倒を見るという責任に圧倒されそうだという点で意見が一致します。

　あまりにも責任が大きいので，親は子どもを過剰に守ろうとしがちです。子どもが転倒して腕を痛めても，誰かに粗野な態度で扱われて傷ついても，あなたは子どもの痛みを自分自身の深い部分で感じ取ることでしょう。あなたは子どもを守ろうとする父親ライオンあるいは母親ライオンになるのです。あなたは怒り，吠え，敵を威嚇し，それでも効果がなければ，子どもを守るために死を賭けて戦うことを厭わないでしょう。

　離婚は，多くの親が子どもに感じる責任と保護の感情を強めます。なぜなら，日々のサポートを与える子育ての関係が壊れたからです。離婚すると，あなたは元配偶者を敵とみなし，子どもを守るために，もう片方の親を攻撃しがちになります。しかし実際のところ，両親の争いは子どもの気持ちを不安にさせるだけです。子どもの自己肯定感はぐらつい

ています。というのも，両親が争うと，子どもは自分が悪いのではないかと自分を責めるからです。さらに，両親が争うと，子どもは寄る辺のない感覚を味わう羽目になります。そして，親ではなく，友人に頼るようになります。親の離婚を経験したある人は次のように述べています。

> 親が離婚したときのことはよく覚えています。最悪でした。まず，そんなことが起きるなんてまったく思っていませんでした。両親は争っている姿を絶対に見せなかったからです。しかし，離婚した途端に，争いが突然明るみに出たのです。それまでけっして叫んだことのなかった母親が，電話口で父親に向かって叫んでいた姿が忘れられません。電話を切ると，母親は号泣しました。父親の家に泊まりに行くと，父親は母親がいかにひどい人物かを語り続け，母親みたいにならないために父親の子育てが必要であることを延々と聞かされました。私は無力を感じて途方に暮れました。これが数年続いたと思います。私は思春期になると，友人に頼るようになりました。残念ながら，そのとき友人たちはドラッグや酒に溺れていました。彼らの仲間になるために，私もそれらに手を出しました。ここ数年はようやく酒やドラッグを断つことができていますが，こんな風にならなければよかったのにと後悔しています。ママとパパが私のことで争い続けたために，私は数年間放置されていたと感じています。両親は私が求めていたサポートや保護を与えてくれなかったのです。

過保護

　子どもを守ろうとするとき，親は子どもが自分でできることをつい肩代わりしてしまい，過保護になってしまう過ちを犯すことがあります――これには子どもともう片方の親との間の問題を解決することも含まれます。過保護は子どもにとって常に有害です。過保護によって，子どもは自分で対処できないと感じ，自分は無能で，信頼されていないと思うのです。過保護は自己肯定感を低下させます。

　離婚した親は，子どもがもう片方の親に対して抱いている不満を奪い取り，鬼の首を取ったようにもう片方の親を勢いよく責める傾向があり

ます。しかし，こうして不満を奪い取られることによって，子どもは深刻な害を受けています。子どもは自分がママとパパの争いの原因になっているときにどうしたらよいかわからなくなるだけでなく，自分自身で問題を解決するスキルを身につける可能性を失っているのです。

子どもがもう片方の親に対して抱いている不満を奪い取ることなく，愛情やサポートを与えるとき，子どもは自信を得て，両方の親に安心感を抱くことができます。一方，問題を「固める」ことを試みると，子どもは次のように思うでしょう。「ちぇ。自分ではどうにもできないや。ママとパパがケンカしていると，落ち着かないし。もう，どうしたらいいかわからないよ」。

子どもが問題ピラミッドの頂上にいるときに，それを見定めることが重要なのは言うまでもありませんが，子どもが自分自身で問題を解決していけるように，サポートするテクニックを習得することが決定的です。

子どもに対して中立的に耳を傾ける

子どもの話に耳を傾けるとき，あなたが本当に聴くことができたならば，子どもは自分の話に価値があり，自分自身に価値があると感じるでしょう。子どもは聴いてもらえたと感じたとき，受け入れられたと思うのです。最高の友人に話を聴いてもらったときの感覚を思い出してください。最高の友人が最高なのは，あなたの話に耳を傾けてくれるからではないでしょうか。あなたは友人に受け入れられたと感じ，会話が終わったあと，自分自身について肯定的に思えるようになっています。なぜでしょうか？　あなたは話を聴いてもらえたことによって，受け入れられたと思うのです。この受け入れられた感覚は，親密で健全な関係性の基盤となります。

第6章　子どもが問題ピラミッドの頂上にいるとき

自分自身の感情の行動化を抑える

　子どもの話を本当に聴くための最初のステップは，何かをすることではなく，することをやめることに始まります。あなたは自分自身の感情の行動化を抑えなければなりません。これはとても難しいことでしょう。なぜなら，元配偶者の言動に対して子どもが抱いている不満は，あなたの否定的な感情を沸き立たせるからです。子どもと話しているときに自分の感情が沸き立ってきたら，子どもの感情は自分の感情と同じものではないと自分に言い聞かせてください。自分の感情に入れ込みすぎて，怒りながら子どもをかばって仁王立ちすることはやめてください。自分の椅子から飛び上がって電話に駆け寄り，元配偶者に罵倒の言葉を浴びせることは控えてください。

　しかし，怒りの感情を葬り去らなければならないと言っているのではありません。もしあなたが怒りを子どもに隠したり（「大丈夫よ」と言いながら，顔をひきつらせ，歯ぎしりをするなど），あるいは，あからさまな嘘でごまかしたりすると（「ママとパパは争ってなんていないのよ。ちょっとした意見の食い違いがあるだけなの」など），子どもは混乱します。こうした否定の言葉は現実に対する見方を歪めます。子どもは他人の小さな（あるいはそれほど小さくない）感情を拾い上げることに長けているからです。自分が捉えた現実を否定しなければならない子どもは，自分自身の感情を信頼できなくなります。それどころか，他人を信頼することをやめてしまうでしょう。そして，将来的に，数年にわたる心理療法が必要になるかもしれません！

　この難しい問題に取り組むために，もし子どもがあなたの否定的な感情を拾い上げて，元配偶者に対して怒っているの？と尋ねてきたら，「ちょっと怒っているわ。よくわかったわね。でも，自分自身の感情をもつことはかまわないのよ。そうした感情は普通のことなのよ」と答え

103

ることができます。さらに,「誰かが怒っていたり,不快になっていたりしても,それだけで悪い人というわけではないのよ。すべての人が時々怒るでしょう？ それは離婚しているかどうかとは関係ないのよ」と言って聞かせることもできます。自分自身の感情の行動化を抑えながら,自分の感情をもつことはかまわないと教えてください。

心を込めて聴く

サン＝デグジュペリの『星の王子さま』で,キツネは「心で見なくちゃ,ものごとはよく見えないってことさ。大切なことは,目に見えないんだよ」と言います。本書で,子どもの話を「心を込めて聴く」というとき,たとえ聞きたくない内容であっても,子どもが言おうとしていることにあなたの心を開くことを意味しています。自分の関心事,優先事項,感情を横に置き,子どものコミュニケーションの中核に耳を傾けるのです。

そうするためには,深呼吸をして,静かに座り,しっかりと目を見なければなりません。その瞬間に十全に存在することが必要なのです。そうすると,子どもの言葉を客観的に聴くことができます。これは必ずしも簡単なプロセスではありません。なぜなら,子どもが「暗号」で語ってくることもありますし,子どもが話すにつれてあなた自身の感情が沸き立ってくることもあるからです。

子どもの暗号を解く

子どもの話を「心を込めて聴く」ときに念頭に置いておくべき最初のことがらは,子どもの話を文字通りに理解してはいけないということです。たとえば,「パパなんか大嫌いだ。もうパパのところには行かない」と言った場合,あなた自身の願いとぴったり一致していますが,多

第6章　子どもが問題ピラミッドの頂上にいるとき

くの場合，子どもの言いたいことは「パパが～～をさせてくれないから，フラストレーションがたまっている」という意味でしょう。

　子どもの話に耳を傾けるとき，子どもの言葉に自分自身の感情を投影しないように気をつけてください。元配偶者に対して怒っているならば，子どもの言葉を解釈するときに慎重になってください――子どもの失望，フラストレーション，悲しみ，怒り，苛立ちは，あなたのそれらとは違います。子どもは自分自身の感情を自由に感じることを許されるべきです。それは子どもの感情であり，あなたの感情ではありません。子どもの感情と自分の感情を取り違えて，自分の感情を子どもに投影するとき，あなたは出来事を複雑にしているだけです。

　ある女性が，母親の感情を状況に投影され，行動化されたことによって，自分にどのような影響があったかを語ってくれました。

> あるとき，父親と面会交流をしたあと，私はすっかり失望していました。なぜなら，父親と一緒にいるときに，ちゃんと関心を払ってもらえなかったと感じていたからです。私は母親に面会交流についての不満をこぼしました。次に覚えているのは，母親が父親に対して叫んでいたことです。私はすごく傷つきました。私は父親をトラブルに巻き込んでしまったと感じました。それ以降，私は母親に何も言わなくなりました。

　子どもが話しているときに中立的に聴くことが難しいならば，もう片方の親について話しているのではなく，あなたの知らない誰かについて話していると思うことを試してみてください。身を乗り出して，しっかりと目を見つめ，腕組みや足組みはせずに，あなたが非判断的に聴いていることが子どもに伝わるようにしてください。あなたが元配偶者に対して批判的だと思ったら，子どもは次の2つの行動のうち，どちらかを行うことを覚えておいてください。子どもは（例の女性が母親と話さなくなったように）問題について話すことをやめるか，もう片方の親をかばうか，どちらかでしょう。もし子どもがもう片方の親を守らなければ

ならないと感じているならば，それは子どもの感情を歪め，混乱させます。子どもはもう片方の親に対して絶対に怒ることは許されないというメッセージを受け取ってしまうのです。なぜなら，自分が守らなければ，もう片方の親が非難されてしまうからです。

もう片方の親を守ることは，子どもの年齢にかかわらず，手に余る大変な仕事です。子どもをそのような立場に追いやることはやめてください。中立的に耳を傾けましょう。

認める

子どもの言った内容をあなた自身の言葉で言い直すと，子どもは聴いてもらえたと感じるでしょう。そのときに，感情を表す言葉を含めると効果があります。コミュニケーションを軽率に閉ざさないように，たとえば次のような言い方であなたの言葉を伝えてください。

「それは（つらかった，大変だった，しんどかった）でしょうね」
「それは（イライラする，恐ろしい，悲しい）ことだと思うよ」
「あなたは（怒っている，いい気持ちがしていない，淋しい）ように見えるわ」
「それは（きつかった，困った，傷ついた）のではないかしら」
「それは（悩ましい，腹立つ，うんざりする）ことだったのかな」

こうした言い方の共通点はあなたの側に控えめな態度があることです。あなたが強く言いすぎると，子どもの感情に間違ったラベルを貼ってしまう危険性があります。子どものものではない感情で本人を束縛してはいけません。

> 両親が別れたときのことはよく覚えています。とても悲しかったです。母親は

> 「お父さんに腹が立たないの？」と繰り返し言っていました。この言葉を何千回
> も聞いたためか，私は父親に対して実際に腹が立ち，数年間言葉を交わしません
> でした。とてもよくない出来事です。

　子どもの感情を伝え返すときに控えめな態度を保つと，子どもにあなたの伝え返しを訂正する余地が残ります。たとえば，子どもが「もう二度とママの家には行かない」と言ったとします。あなたは子どもが怒っているのではないかと推測して，「怒っているのかな」と控えめに聞き返します。もしあなたの推測が間違っていて，本当は困惑していただけだとしたら，子どもは「違うわ。ママの新しいベッドにチョコレートをつけちゃったから困っているの」と言うことができます。子どもがあなたの伝え返しを訂正するとき，「そうか。私が間違っていたね。本当は困っていたんだね」と言って訂正を認めることが重要です。

　子どもは自分の感情を選り分けているとき，感情を正しく表す言葉を見いだし，どれぐらい強くその感情を感じているかを確かめる必要があります。子どもに自己発見を促すことが重要です。たとえば，息子が「パパは嫌い」と言った場合，あなたが「そんなことないでしょう」と言ってしまったら，息子の感情を否定することになってしまいます。「パパは嫌い」と声に出して言うことが，息子の怒りの表現なのです。あるいは，息子は父親のことでイライラしていて，その感情と怒りが入り交じっているのかもしれません。あなたは「嫌い」という単語を弱めて，「わあ，怒っているのかしら」とシンプルに言い直してください。別の感情を発見する余地を与え，その感情を確認してもらうことによって，自分の感情をあなたに対してだけでなく，元夫に対しても十分に表現できるように助けるのです。

子どもとブレーンストーミング

　子どもの話に適切な態度で耳を傾け，聞いた内容を伝え返したならば，

次のステップは子どもを問題解決のプロセスに向かわせることです。多くの人は，人間関係の問題を効果的に解決するスキルを習得せずに大人になります。しかし，このスキルは扉を開き，橋を架け，輝かしい成功へと導いてくれます。問題解決の能力は，生涯を通じてさまざまな状況で使える贈り物なのです。ありがたいことに，子どもが自分で問題を解決することを学ぶと，あなたは元配偶者とやりとりする回数や負担が減るでしょう。

　子どもにいくつかの質問を投げかけることで解決策を見いだす手助けができます。最初の質問は，子どもの手に解決を任せることを効果的に伝えます。「それについてどんなことができそうか，何か思いついたことはある？」。この基本的な型と似たような質問をいくつもつくることができます。たとえば：

「お父さんに尋ねるときに，気持ちよく尋ねる方法はあるかしら？」
「これを何とかする方法を考えられる？」
「これについて何ができるかな？」

　大事なのは，示唆や助言を含まないことです。たとえば，「お父さんにバカ野郎って言うべきよ」と言うのは最悪です。また，「お父さんに，友人と遊ばせてくれないなら，もう行かないって言うのはどうかしら」と言うのは，一見やわらかい言い方を使っているようですが，内容がよくないことに違いはありません。あなた自身の課題，助言，解決策を子どもとの会話に挿入することは簡単ですが，将来にわたって甚大な悪影響を与えかねないでしょう。たとえ，「お父さんにもう少し遅くまで寝ないでもいい？　と聞いてみたら」というような，シンプルで中立的な解決策であっても，子どもが自分で問題を解決することを妨げてしまいます。言うまでもなく，解決策を押しつけるのではなく，自分で問題を解決できるようにサポートすれば，生涯にわたって子どもはセラピーな

ど必要としないでしょう。また，それは子どもに考えるスキルを授けることになります。

　子どもの自由な考えを非難しないようにすることが非常に重要です。たとえ子どもの編み出した解決策が不可能あるいは非現実的と知っていても，子どもに任せてください。たとえば，子どもが荷物をまとめてオーストラリアに行くと言った場合，「荷物をまとめてオーストラリアに行くのは１つの解決策だね。他にもあるかな？　私はオーストラリアに行かれるとすごく悲しいよ」と言うことができます。

慎重に助言する

　最初の質問を投げかけたとき，子どもが解決策を見いだせなかったり，実現不可能な解決策しか思いつかなかったりする場合があります。そのときはあなたの考える解決策を提案することが適切でしょう。しかしながら，これはいくつかの理由でちょっとしたコツが必要です。まず，あなたは自分自身のかたよった見方で助言を与え，相手に復讐してしまうかもしれません。明らかにそれは間違っており，子どもを助けるどころか，もっと傷つけてしまいます。そして，助言を与えるコツが必要な理由の２つめは，求められていない助言を与えると，子どもとのコミュニケーションが妨げられてしまうことです。それはここで試みていることの正反対になってしまいます。

もし〜〜ならばどうなるかな？

　コミュニケーションを妨げないで助言を与えるためには，問題に対して可能な解決策を探しているような言い方を使うことです。「どうして〜〜しないの？」とか「〜〜すべきだと思う」と言うのではなく，「もし〜〜ならばどうなるかな？」と言ってください。子どもに投げかけた

最初の質問と同じように,この質問は子どもが自分で解決策を考えることを促します。たとえば,

> 「このことについてお父さんと話したらどうなるかしら?」
> 「もし〜〜をしたらお母さんはどうすると思うかい?」
> 「〜〜はうまくいくかしら?」
> 「〜〜について検討してみたかい?」

　助言するとき,質問形式にすることを忘れないでください。それはコミュニケーションをオープンにするだけでなく,もっと高い目的もあります。正しく行えば,このやりとりによって子どもは問題解決の能力に自信をもてるようになるのです。なぜなら,子どもはあなたに助言を押しつけられたことにならず,自分で解決策を見いだしたことになるからです(つまり,あなたは子どもにある行動を行ったらどうなるかを考えさせているのです)。その解決策があなたの助言に基づくものであることは気にしないでください——あなたは大人なので,解決策を見いだした功績は必要ありません。もしあなたが解決策を見いだした子どもをほめてあげると,子どもは将来,元配偶者だけでなく,友人,家族,先生,その他の人たちとの課題に自信をもって取り組めるでしょう。

否定に対処する

　こうしたやりとりが,ここで書いてある通りにスムーズにできると素朴に思わないでください。実際,よくあるのは,「それについて自分にできそうなことを何か思いついたかしら?」と最初の質問をすると,子どもが「ない! できることなんて何もない」と答えることでしょう。さらに,あなたがひるまずにやりとりを続けた場合,子どもはあなたが提案するすべての解決策を拒絶するかもしれません。これは予想してお

第6章 子どもが問題ピラミッドの頂上にいるとき

くべきです。子どもが拒絶したときは，子どもの感情を受け入れましょう（ここで「もし」拒絶されたらと言わないことに注意してください）。たとえば次のように言うことができます。

「どうしようもないと思っているんだね」
「お父さん（お母さん）と話すのは難しいときがあるわ」
「仕方がないと思っているのかな——アイデアを思いつくのが難しいときもあるよね」

次のような言葉で励ますことも重要です。

「一緒に考えたらきっと何か思いつくよ」
「あなたは解決策を思いつくのは得意でしょう。あなたなら満足いくようにこれに対処する方法をきっと見つけだすわ」

　これは解決策を思いつくという結果のためのやりとりではないと念頭に置くことが重要です。これはあなたと子どもの関係を築き，維持し，豊かにするためのやりとりです。このことはどれだけ強調しても強調しすぎることはないでしょう（もしできるならば，私たちは身を乗り出して，しっかりとあなたの目を見つめ，力強い身振りを加えてそう言いたいところです！）。

「このやりとりは結果のためではありません。
**　あなたと子どもの関係を豊かにするためのやりとりです！」**

　あなたが問題の解決に入れ込みすぎると，問題解決のプロセスはうまくいかないでしょう。矛盾しているように思われるかもしれませんが，本当なのです。あなたがやりとりにとどまると，結果的に解決策に到達

しやすくなりますが，それが第一の目的ではありません。もう一度繰り返して言います。目的は，あなたと子どもの関係を豊かにすることです。そうすると，子どもはあなたに話を聴いてもらえた，守ってもらえた，支えてもらったと感じるでしょう。たとえ，子どもが表向きはあなたや元配偶者に対して否定的な感情をぶつけてきても，子どもとの関係を大切にしてください。

結果を検討する

　問題解決の一部として「よい」判断を下すためには，選択肢を並べ，それぞれの選択肢を選んだときに何が起こるかをよく検討することが必要です。選択の成り行きは結果とよばれます。子どもが問題ピラミッドの頂上にいるとき，あなたは子どもの話に耳を傾け，問題解決をサポートし，子どもが思いついた解決策の結果を検討することを助けてください。子どもの言うことを真剣に受け取り，判断の結果をよく検討することは，結果的に子どもが最善の選択肢を選ぶことを助けることになります。たとえば，子どもが「もう二度とパパの家には行かない！」と言ったならば（たとえ，それが中身のない脅迫めいた言葉であると知っていても），その選択の結果を子どもが検討することを助けてください。「なるほど。そうしたら自分はどのように感じると思う？」あるいは「なるほど。それは1つの解決策ね。二度とパパの家に行かなかったら，何が起こると思う？」と言うことができます。

話すのをやめる

　ある行動の結果を検討させるための質問に対して，非現実的な反応が返ってくる場合があります。「パパの家に二度と行かなくていいなら，最高だよ。パパやパパのバカな奥さんが嫌いなんだ。だから二度と行か

ない」。この返答に対して,飛び上がって喜んだり,逆にパパの家に行かなければならない理由を言い聞かせるのではなく,シンプルに話すのをやめる方法があります。あなたはこの返答に同意せずに子どもの感情を受け入れることができるのです。「これについてはまた話し合いましょう。私にはあなたがとても怒っているように感じられるから,あなたが怒らなくてもいいような方法を考えることができるかもしれないわ」。多くの場合,子どもは面目を保つためにアイデアを拒絶しますが,すぐに意見を変えると知っておくことが重要です。

子どもともう片方の親の関係を認める

　あなたが元配偶者に対してどのように感じていても,子どもはもう片方の親と関係を築かなければなりません。これは簡単なことではないでしょう。なぜなら,子どもはあなたの元配偶者に対して複雑な気持ちを抱いているからです。子どもは元配偶者が離婚の原因だと責めるかもしれません。元配偶者と新しい恋人の関係に文句を言うかもしれません。間違いなく,子どもは見捨てられたと思い,悲しさや怒りを感じています。そして,一緒に住んでいない2人の親とどのように関係を築けばよいのかに困惑を感じています。

　子どもと元配偶者が関係を築くことを認め,子どもの見方をサポートし,理解しようと努めることが重要です。したがって,子どもが思いついた解決策に対して,言葉を差し挟みたくなったり,助言したくなったり,バカにしたくなったり,にらみつけている自分に気づいたら,やめてください。あなたの干渉が問題を大きくすることもあります。多くの場合,あなたの干渉は混乱を深めるのです。

　しかし,子どもと元配偶者の関係を認めることは,元配偶者をかばうことではありません。元配偶者がよい親ではない場合もあり,そのことを子どもに隠し通す努力をする必要はありません。あなたは子どもを傷

つけることを言いたくないかもしれません。しかし，子どもに尋ねられたら嘘をついてはいけません。

> 元夫と私は離婚して数年後に裁判で争うことになりました。元夫が養育費の減額を望んだからです。元夫は再婚し，新しい家族があったので，収入が足りていないようでした。とにかく，元夫は養育費についての合意が得られなければ，面会交流は行わないと言ってきました。当初，息子には事情を説明せず，パパと会う予定の週末に息子のために楽しいことを用意しました。これが3か月続き，ついに息子がどうしてパパと会えないのと尋ねてきたのです。私は動揺しました。けれども，息子を信頼しなければならないと思いました。結局のところ，息子が真実を知るのは時間の問題だと思ったのです。私は正直に答えようと思いました。そうすれば，私が常に息子には真実を語ることを信頼してもらえるはずです。そこで，パパが新しい養育費の合意が得られるまで週末の面会交流は行わないと言ってきたことを説明しました。粉飾せず，怒りを見せず，シンプルに事実だけを伝えました。

前もって余波に対処する

　この章の焦点は，あなたが子どもと元配偶者の問題を肩代わりしたり，子どもの問題を自分の問題として引き受けたりすることなく，子どもが自分で元配偶者との問題に対処できるようにサポートすることです。しかし，だからといって完全に関わるべきではないという意味ではありません。結局，あなたは子どもよりも元配偶者と長い歴史をもっているのです。そのため，あなたはある状況において元配偶者がどのように反応するかを予想できる場合があります。

　あなたがもっている元配偶者のパーソナリティに関する知識は，子どもがある問題に最善の解決策を思いつくことを助ける場合があります。ただし，結果がどうなりそうかを否定的な言い方で述べてはいけません。「とんでもない！　そんなんじゃ，ママはけっして納得しないぞ。それ

どころか，ママが怒りまくって，おまえがもっと傷つくだけだ」。そうではなくて，結果をよく検討するように促してください。「なるほど。そうすることもできるね。(休止)。ママは何て言うと思う？　自分の解決策をママに伝えたらどうなると思う？」。

　前もってできるだけ起こりうるシナリオをよく検討しておくことが重要です。元配偶者が怒りっぽく，非協力的で，あるいは無反応であるとあなたが知っている場合，子どもが「えーっと，ママは怒ってくると思う」と言わなかったならば（あるいはあなたが予想する元配偶者の振る舞いと違ったならば），あなたの予想を子どもにやさしく言い聞かせることが重要です。ここでも，あなたの予想を控えめに伝えることが，自分の考えを押しつけようとしている印象や元配偶者と敵対している印象を避けることにつながります。たとえば，「ママは強く言い返してくるかもしれないと思うな。おまえはどう思う？」と言ってみてください。

操作に対処する

　あなたと元配偶者の関係に歴史があるように，あなたと子ども，子どもと元配偶者の関係にも歴史があります。子どもはそこに異なるダイナミクスが存在することをよく理解しています。たとえば，子どもはあなたが（あるいは元配偶者が）自分の望みに応えてくれる「やさしい」ほうだと知っています。このことは，子どもが自分のために問題に対処するよう，あなたを操作しようとする場合があることを意味します。「操作」という言葉を完全に否定的な意味で使っているわけではないことを理解してください。すべての人が操作的になるときがあります。操作を試みているからといって，子どもが「悪い」というわけではありません。それは子どもが簡単な道を見つけようとしていることを意味しているのです。子どもは親を操作してもう片方の親と争わせることが，問題を解決する簡単な道だと思う場合があります。

子どもに元配偶者と対決する自信を与えることが非常に重要です。なぜなら，子どもは生涯にわたってもう片方の親と向き合わなければならないからです。もし，あなたが子どもの味方をするように操作されることをよしとするならば，実際のところ，あなたは子どもの自信や自己肯定感を低下させてしまうでしょう。子どもはあなたに助けてもらう必要があると感じていますが，それが子どもを無力な役割にとどめてしまうのです。なので，明らかにあなたに属さない問題の味方をさせようと子どもが試みているとき，子どもが感じていると思われることを穏やかに伝え返してください。「お父さんと話すことが少し不安なのかな。私に助けてほしいと思っているのね」。

　子どもの自信を高めるために，あなたの自信を子どもに分けてあげましょう。「あなたは自分で対処できるわよ。どうしたらいいか，一緒に方法を考えましょう」と言ってください。このように言うと，あなたは子どもが自分で対処できると思っていることを，子どもに伝えていることになります。それは子どもが自分の問題を解決する自信をサポートすることになるでしょう。

子どもとあなたに問題があるとき

　子どもは親が権威のある立場なので怒ることがあります。そのような場合，あなたは境界を示したり制限を加えたりする必要があるかもしれません。親が制限を加えることは，多くの子育て本の中心的なトピックになっています。しかしながら，この課題は共同養育の両親にも適用されます。「お父さんなんか嫌いだ。おもちゃをまとめてママと一緒に住む」と子どもが言った場合，子どもが問題ピラミッドの頂上にいることは明らかですが，子どもとあなたに問題があるので，扱うのが難しくなっているといえます。この問題は次のステップで扱ってください。

第 6 章　子どもが問題ピラミッドの頂上にいるとき

1. **中立的に話を聴く**：子どもが元配偶者と住むことを実際に選択するかもしれない場合，あなたは傷つき，脅かされ，不安になるので，中立的に話を聴くことは難しいでしょう。しかし，子どもが「暗号」を使って話していることを忘れないでください。子どもがあなたを脅したからといって，実際にその行動をとりたいということを意味するわけではありません。過剰に反応せずに，客観的に耳を傾けてください。

2. **関心を示す**：子どもが言っている内容を伝え返してください。子どもの態度，言葉，声の調子，表情などをよく観察して，子どもの感情を理解することを試みてください。子どもの立場に立ってみましょう。もしあなたが子どもの立場だったら，どのように感じるでしょうか？　感情を表す言葉（「悲しい」「混乱している」「怒っている」）を使って，子どもの感情に関心をもっていること，理解していることを伝えてください。「それはしんどいでしょう。混乱もしているでしょう。お父さんと住みたいと脅すほど，怒っていて，傷ついているのね。でも，私のことも好きなのね。それはつらいわね」。

3. **解決策をブレーンストーミングする**：どんな内容でも話し合うことができると子どもに伝えてください。子どもが解決策を思いついたならば，教えてもらってください。「これについて私たちに何ができるかしら？　あなたは私に怒っているように見えるわ。そのことについて話し合ったら，一緒に解決策を思いつくことができるかもしれないわ」。

4. **手放す**：手放す，手放す，手放す，手放す，手放す。自分の感情を手放してください。子どもが抱えていると思われる困難を理解してください。自分のほうが傷つけられていると感じないように心がけてください。あなたが過剰に反応せずに，穏やかでサポーティブな態度でいると，子どもはしだいに落ち着き，明快に考え

ることができるようになるでしょう。あなたが過剰に反応しなければ、子どもがあなたを傷つけることはありません。手放してください。

言葉を話す前の子ども

　子どもが問題を抱えているときにどうすればよいかについての議論を締めるために、言葉を話す前の子どもについてふれておく必要があるでしょう。言葉を話す前の子どもは不機嫌になることで問題を抱えていることを表現します。言うまでもなく、乳幼児の親にとって難しいのは、何が問題なのかを必ずしも理解できるわけではないということです。しかしながら、あなたに責任がないわけではありません。あなたが赤ちゃんの感情を理解することはきわめて重要なのです。

　乳幼児の子どもは、恐れ、怒り、混乱、フラストレーションといった強い情動を言葉で表現できないので、たいてい身体で表現します。そうした強い情動を感じているとき、普段はおとなしくてかわいらしい赤ちゃんがあなたを叩いたり、噛んだり、叫んだり、蹴ったりするかもしれません。赤ちゃんも年齢の大きな子どもと同じように、あなたと元配偶者の怒りや葛藤を正確に感じ取るのです。

　言葉を話す前の子どもが抱えている問題を扱うとき、情動の表現に注意を払ってください。言い換えると、話を聴くときよりも、もっと注意深く感情を観察する必要があるのです。観察すべきポイントをいくつかあげておきます。

■表情

　子どもは顔をしかめたり、歯ぎしりをしたり、指をしゃぶったり、口元を緊張させたり、歯を食いしばったり、目をそらしたりします。子どもの表情を観察し、それがどんな意味なのかを考えるために、同じ表情

第6章　子どもが問題ピラミッドの頂上にいるとき

をつくってみると，子どもの感情を解釈するヒントを得ることができるかもしれません。

■ボディランゲージ

　言葉を話す前の子どもが問題を抱えると，目をそらしたり，泣いたり，身体を緊張させたり，こぶしを握りしめたりします。また，怒りっぽくなり，噛んだり，叩いたり，つかんだり，ひっかいたり，蹴ったり，頭をぶったりします。ボディランゲージは内側の情動を外側に示しているのです。

■声の調子

　声の音程や音量に耳を傾けてください。言葉を話せなくても，声の調子は強い情動を示しています。子どもが不安になっているとき，声の音程や音量が上がります。子どもが心の中に閉じこもっているとき，音程は下がるかもしれません。子どもの情動を示す声の調子を観察すると，隠れた感情を的確に推測することができます。たとえ子どもが言葉を話す前であっても，あなたが感じ取った子どもの感情を言葉で伝え返すことが重要です（生後数か月の子どもに対してもそうしてください。間違いなく，新生児も感情をもっています！）。

　あなたが言葉を話す前の子どもの感情を伝え返すと，子どもは自分の感情を表現する言葉を学んでいきます。子どもは2歳でも「イライラする」という言葉を学び，適切に使うことができます。さらに，あなたは使用している言葉よりも声の調子を通して，穏やかさや落ち着きを子どもに示すことになります。何かについて強い感情をもっている子どもは，とりわけそうした感情を表現することに困難を抱えている場合，何よりも親の穏やかで落ち着いた声かけを必要としています。それが子どもに安心感を与えるのです。あなたは穏やかに「悲しいのね」「パパが家に帰ったから不安なのね」「何かについてイライラしているみたいね」な

どと言うことができます。

　こうした声かけは言葉を話す前の子どもにとって過剰であるように思われるかもしれません。しかし，子どもは言葉を話すずっと前から大人の言うことを理解しています。言葉を話す前の子どもに少しでも共感を抱くならば，その表現をためらわないでください。それはとてもよいことであり，望ましいことでもあります。親の穏やかな声かけによって，子どもは気持ちを落ち着かせることができます。この声かけは何らかの結果を得るためのやりとりではないことを思い出してください。それは子どもとあなたの関係を豊かにするのです！（覚えていますか？）　少なくとも，子どもが話し始めたら，あなたは声かけを練習しなければならないのですから！

ツナの中のタマネギ

　ケイトリンと父親の状況を見てみましょう。最初，母親はケイトリンの問題を肩代わりしていますが，その後，ケイトリンが自分で解決するように助けています。

　　ケイトリンはキャンプから戻ったときにお腹を空かせており，ただいまも言わずに台所へ向かいました。彼女はその前日に父親の家で過ごしていたので，最初私は単に疲れているのだろうと思いました。彼女がポテトチップスの袋をつかんで自分の部屋に消えた後，私は彼女の弁当箱を見ました。彼女は父親がつくったサンドイッチを一口かじっただけで，すべて残していました。よく見ると，それは生タマネギだらけのツナ・サンドイッチでした。ケイトリンがタマネギ嫌いなのを知っていたので，私は腹が立ちました。私は父親に電話をして，6歳の子にこんなサンドイッチをつくるなんてと叫び始めました。彼は何と言ったと思いますか？　自分の家ではタマネギの入ったツナでサンドイッチをつくるので，娘にも好きになってもらわないと困ると言ったんです。私は頭に血が上りました。お互いに電話を叩き切って会話は終わりました。

第6章 子どもが問題ピラミッドの頂上にいるとき

　ケイトリンの母親マリアンヌの最初の過ちは、ケイトリンにとっての問題がタマネギの入ったツナだと思い込んだことでした。ケイトリンが昼食時に空腹ではなかったのかもしれません。私たちは推測するとき（その推測が間違っているはずはないと思い込んでいても）、それまで存在していなかった問題をつくり出してしまうことがあります。子どもの問題を勝手に推測するのではなく、子どもに問題は何かを尋ねてください。

　マリアンヌの2つ目の過ちは、ケイトリンの代わりに問題を解決しようと突っ走ったことでした。すでに見たように、マリアンヌの介入は元夫に新たな争いをふっかけるものでした。おそらく、それにより元夫は態度を硬化させたのだろうと思われます（元夫は、ケイトリンにはタマネギの入ったツナを好きになってもらわないと困ると述べました）。

　次の週に何が起きたかを見てみましょう。

> 私がお父さんの家に行くために荷物をまとめなさいと言うまで、ケイトリンの機嫌に問題はありませんでした。けれども、私がそう言うと、彼女はだるそうにし始め、お腹が痛いと言い始めました。しばらくやりとりを続けていると、最終的に娘は、お父さんがタマネギの入ったツナとか「変な」夕食をつくるので、お父さんの家に行きたくないと言ったのです。

　子どもは未解決の問題を抱えているとき、たいてい何らかの方法で問題を持ち出します。マリアンヌが元夫に電話せずに待つことができたら、状況が明るみになっていたでしょう。言うまでもなく、マリアンヌの最初の衝動は、元夫に電話して、夕食に何をつくっているのかを問いつめ、ケイトリンはタマネギを食べないと伝えようとすることでした。しかし今回は、別の方法をとりました。ケイトリンの気持ちを伝え返すことを始めたのです。

「お父さんの家の食べ物があまり好きではないみたいね」

「ママ，私はタマネギが嫌いなの。行かなきゃダメ？」
「そのことについてお父さんと話すことはできるかしら？」
「話したくない。お父さんは怒ると思う」
「そうね。怒るかもしれないわね。お父さんが怒らないような言い方を一緒に考えましょうか？」
「なんて言ったらいい？」
「私ステートメントを使ったらどうなると思う？」（本書で学んだテクニックを子どもにも教えてください）。「たとえば，『お父さん，私はタマネギが嫌いだからお腹が痛くなるの』と言ったらどうなるかしら？」
「そしたらお父さんがピーナッツバターに変えてくれるかも」
「やった！　じゃあ，たとえば，『お父さん，私はタマネギが嫌いだからお腹が痛くなる。代わりにピーナッツバターのサンドイッチをつくってくれる？』と言ったらどうかしら？　それなら言えそう？」
「わかった」
ケイトリンは父親に電話して，次のような会話をしました。

「お父さん，今晩お父さんの家に行くでしょう？……夕食は何？……私が何を好きか知ってる？……お父さんのつくるマカロニとチーズは好きよ。今晩それをつくってくれる？……ラムチョップは嫌い。マカロニとチーズがいいわ。マカロニとチーズだけでいい。それからお父さん，明日のランチにピーナッツバターとゼリーをつくってくれる？　お願いだから。つくるの手伝うから。うん。ピーナッツバターとゼリーが好き……それからマカロニとチーズ。ありがとう。お父さん」

マリアンヌとケイトリンの会話通りにはなりませんでしたが，明らか

にマリアンヌはケイトリンに父親と問題について話す自信を与えました。

子どもが問題ピラミッドの頂上にいるときに何をすればよいか

　子どもが問題ピラミッドの頂上にいる例をステップ・バイ・ステップで見ていきましょう。

■荷造りの問題

> 元夫が娘の衣服，宿題，ゲームの荷造りをけっして手伝わないので，娘が家に戻って何かがなくなっていることに気づくと大騒ぎになります。私は娘に新しいモノを買うことにうんざりです。

▶何が問題ですか？

　「娘のモノが私の家に戻ってこないことです」

▶娘のモノすべて？　絶対に戻ってきませんか？

　「前回家に戻ったときは，いくつかのモノがなくなっていました。それで大騒ぎになるのです。頻繁にそういうことが起こります。（現在形で話すように注意して，「いつも」や「絶対に」という言い方で一般化しないように気をつけましょう。そうすると課題と距離が置けて，気持ちを落ち着かせることができるでしょう）」

▶問題ピラミッドの頂上にいるのは誰ですか？

　誰が感情を動かされていますか？　　　　　母親と娘
　誰が問題だと思っていますか？　　　　　　娘
　誰が解決策を実行する責任をもちますか？　娘

　解決策を実行する責任をもつのは娘です。なぜなら，最初の2つの質問で名前があがっているからです。しかし，別の父親や母親ならば，問題を抱えているのは自分たちであると判断するかもしれません。もしかしたら，別の子どもだったら，宿題を忘れても気にしないかもしれませ

ん。しかし，いずれの場合も，解決策は子どもが自分の持ち物に責任をもつことでしょう。その後，どうなったかを見ていきましょう。

娘は家に戻って大好きな人形がなくなっていることに気づき，泣き始めました（読者のためにコミュニケーションのやりとりをステップにわけました）。

1. **話を聴く**：母親は腰を落とし，子どもの目を見つめて「どうしたの？　何かあったみたいね」と言いました。
   「パパの家にお人形を忘れたの。パパがお人形をカバンに入れてくれなかった！」
2. **関心を示す**：「それはつらいわね。あなたがあのお人形をどれぐらい好きか知っているわよ」
   「お人形がほしい。私のためにお人形をとってきて」
   「私にお人形をとってきてほしいのね。今日は時間がないと思うわ」
   「でもお人形がないと眠れない。パパはいつも覚えてない。私のためにお人形をとってきて」
3. **「何か思いつく？」**：「すごく動揺しているのね。今日は取りに行けないから，他にできることを何か思いつく？」
   「ダメ！　お願い。今ほしい」
4. **「もし〜〜したらどうなるかしら？」**：「あなたがお父さんに電話して今晩お人形をもってきてとお願いしたらどうなるかしら？」
   「できない！　パパは怒る」
   「明日までお人形なしでやっていく方法は何かあるかしら？」
   「やだーーーー」
   「わかるわ。自分のおもちゃや持ち物をちゃんとカバンに入れる方法を考えることが大切ね。そうしたらお人形なしで一晩過ごさないですむのよ」
   「今お人形を取ってきてくれたら，次からちゃんとカバンに入れ

第6章　子どもが問題ピラミッドの頂上にいるとき

ることを約束する」

「次からちゃんとカバンに入れる責任をもってくれて嬉しいわ。忘れない方法を一緒に考えましょう。そしたら，明日お人形を取りに行ってあげる」

　この母親は正しい道を進んでいます。母親は責任を教えるためにしっかり制限を加えています（娘は一晩お人形なしで過ごさなければなりません。そのため，次からカバンに入れることを忘れないでしょう）。さらに，母親は人形をカバンに入れることを忘れた父親を責めることを許していません。自分でカバンに入れる責任をもつことが長い目で見ると娘のためになるからです。また母親は娘が年齢的に自分の持ち物を忘れないようにできると認識しており，次から持ち物を忘れないようにするための解決策をブレーンストーミングするやりとりに導いています。

　次に，母親は現在の問題に上手に制限を加えて扱っています（母親は状況を片づけるためにその晩すぐに人形を取りに行ったりしませんでした）。娘が次回にどうしたらよいかを一緒に考えようとしています。即座の解決は得られなくても，母親はこのやりとりが子どもと母親の関係を豊かにするだけでなく，娘に責任を教えることにもなることを理解していました。母親は忍耐強くそして自信をもってこの問題に一緒に取り組んだのです。母親は父親を責めたり，子どもが父親を責めることを許したりしませんでした。そうすると，今後そのように操作される可能性が高まるだけだからです。

■メールのトラブル

> 思春期の娘が友人と長電話したり，メールしたりするだけでも困っていましたが，私と過ごす週末に母親が彼女にたくさんメールしてくるので毎回明らかに機嫌を損ねているのがわかりました。たいてい娘がいなくて淋しいとか，娘の部屋の掃除についてのメールです。「私の」時間には私たちを放っておいてほしいと

| 元妻にお願いしましたが，元妻はそのお願いを無視して電話やメールを続けていました。

▶何が問題ですか？
「「私たちの」時間に母親がたくさんメールしてくることです」
▶問題ピラミッドの頂上にいるのは誰ですか？
　誰が感情を動かされていますか？　　娘
▶誰が問題だと思っていますか？
　娘。ただし言葉では表現していません。態度は言葉のコミュニケーションよりも重要な場合があることを思い出してください。娘が明らかに機嫌を損ねているので，問題だと思っていると見ることができます。
▶誰が解決策を実行する責任をもちますか？
　娘（ただし父親も娘の「長電話」に対して問題を抱えていることに注意してください。そのことによって母親が娘にたくさんメールしてくる問題に対する父親の感情が強まっているといえます。父親が問題を区別することが重要です。もし父親が娘のメールにイライラしていると思うならば，その相手が母親であろうと誰であろうと，父親は問題ピラミッドの頂上に自分を位置づけなければなりません。そして娘の問題と切り離して考えるべきでしょう）。
▶最も強い感情は何ですか？
「私は母親のメールによって娘との時間が邪魔されていることにイライラしています。娘が不機嫌になるので楽しい週末がだいなしになるのです」
▶そうした感情を生み出す原因となっている思考は何ですか？
「母親は見捨てられ感が強く，娘と離れることができません。母親は娘と一時も離れることができず，常に娘と私の関係を邪魔しようとしてきます」

第 6 章　子どもが問題ピラミッドの頂上にいるとき

　娘と父親のコミュニケーションがどうなったかを見ていきましょう。娘はメールを受け取り，明らかに不機嫌になっています。

1. **話を聴く**：「どうしたのかい。何かあったみたいだね。何事かな？」
   「別に。またお母さんよ」
   「またお母さんのメール？」（これは母親に対する非難ではなく，単に娘の言葉を返しただけです）
   「そう」
2. **関心を示す**：「そうか。ここにいるときにメールが来ると，気分を害していることがあるように思うな（父親は「母親がメールしてくると必ず……」と言わずに「していることがある」と言うことで，過剰な一般化を避けていることに注意してください）。
   「そうよ」
3. **「何か思いつく？」**：「お母さんに対してそのことについてできることを何か思いつくかい？」
   「何も。お母さんはもっと不安になると思う。私はお母さんの気持ちを傷つけたくないの」
   「お母さんの気持ちを傷つけたくないんだね。わかるよ。彼女の気持ちを傷つけないで伝える方法を何か思いつくかな？」
   「わからないわ。たとえば？」
4. **「もし〜〜したらどうなるかな？」**：「たとえば，『お母さん，お母さんのこと大好きよ。お母さんとメールするのは楽しいわ。ちょっと手が放せないから，終わったらメールするね』と返信すると，どうなるかな？」
   「わからない。だって，手が放せないわけではないから。それは嘘でしょう」
   「なるほど。そうかもしれないね」

「そうよ。でも，たしかに，お母さんは私たちがテレビを見ているときにメールをしてくるわ」
「ということは，私たちが何かをしているときにメールをしてくるんだね」
「そうね」
「ともかく，おまえが機嫌を損ねるのは見ていられないよ。何か助けになることがあったら，教えてくれよ。いいな？」
「わかったわ。お父さん，ありがとう」

これはよい会話といえます。第一に，父親は問題を片づけようとしませんでした。娘に共感を伝え，関係を築くために会話をしたのです。第二に，父親は2人の時間を妨害している母親をけっして責めませんでした。第三に，父親は（手が放せないと母親にメールするのはどうかと）解決策を提案していますが，娘がその提案を「嘘」になるからと取り下げたとき，無理に押しつけませんでした。そうしていたら，娘は解決策を押しつけられていると感じたでしょう。

父親は何もできなかったように見えるかもしれませんが，間違いなく今後の問題解決のために扉を開きました。興味深いことに，数週間後に娘が再び問題を持ち出したのです。

「お父さん，私がここに来ているときにお母さんがたくさんメールしてくることについて話したのを覚えている？」
「もちろんだよ」
「お母さんに，お母さんと話したりメールしたりするのは楽しいけど，日中に電話を取るのは簡単なことじゃないから，夜寝る前に話す時間をもちたいと言ったのよ」
「そうか！ いい解決策を思いついたようだね。お母さんが傷つくことを心配していたね。お母さんはどう反応した？」

「お母さんは全然平気だったわ」
「それはよかった。うまく解決できて嬉しいよ」

距離を置く

　子どもが自分の問題に自分で立ち向かうことを促すのは，最も難しい子育てスキルの1つです。私たちは，子どもと一緒にリングの中に飛び込み，「敵」と戦う子どもを助け，仕事をやり遂げ，傷つきから子どもを守り，一緒に勝利を祝いたいと思います。しかし，子どもは自立を学ぶ必要があります。2歳の子どもが「私，やる」と叫ぶように，子どもは上手に導いて問題の解決を教えると，自分でやり遂げることができます。子どもが抱えている問題の多くは子どもの問題であることを知り，子どもが自分で問題を解決するようにサポートするならば，あなたと子どもや元配偶者の関係は改善するでしょう。

　本書は子どもを危険な状況に置き去りにしなさいと提案しているのではありません。また，子どもにとって年齢的に無理な問題解決に取り組ませるべきと言っているのではありません。そうではなくて，子どもの問題についてよく考え，問題を解決する能力があるかどうかを慎重に見きわめなさいと提案しています。

　問題解決が可能であれば，問題解決のスキルやコミュニケーションで子どもを勇気づけてください。そうすると子どもの自己肯定感が高まるでしょう。もう片方の親と話す勇気を教えることは重要です。それは子どもの人生を豊かにし，健全な関係を築く能力を高めるのです。

第7章 子どもに自信を与える

自信を与える＝自己肯定感

　親の離婚を経験した子どもの大半が苦悩していることは疑う余地がありません。ある日，子どもの知っている世界が変わります。1人の親が出ていき，あるいは，子どもたちが出ていかなければならないかもしれません。家族のたくさんの決まりごとが，ある日を境に変わります。子どもにとってなじみのある安定した世界が突然，不安定で手に負えなくなります。

　本書は，あなたに罪の意識をもちなさいと言っているわけではありません（子どもに申し訳ないことをしたと思いなさいと言っているのではありません）。事実，いつも夫婦ゲンカしているのに一緒に暮らしている親の子どものほうが，離婚した子どもよりも傷つきやすいという調査結果があります。しかし，あなたが離婚するとき，とりわけ元配偶者が最低なヤツだと思っているときは，子どもの自己肯定感と自信がとても傷ついていることを知る必要があります。

　子どもに自信を与えるためには，子どもの自己肯定感を高めることが大切です。勇気づけてもらった子どもは，協力的で，自己肯定感が高く，機知に富み，困難な状況でもたくましく育ちます。自信がある子どもは，困難から回復する力や問題解決の能力をもっています。自己肯定感が高い子どもは，すすんで努力し，他人を助け，自分の失敗から学べます。このような子どもは，不正行為をすることは少なく，どうするのがよい

かをよく考え，どの選択が適切かを判断する能力があります。

他方，自己肯定感が低い子どもは，他人に援助の手を差し伸べることが少なくなります。自己肯定感が低い子どもの大半は，危険で冒険的なことをします。そういう子どもは，離婚による生活の変化に上手に適応できません。そういう子どもは，あきらめたり，挑戦をやめたり，間違ったことをしやすくなります。加えて，そういう子どもは，自分はダメだと感じ，友人の悪い誘惑に乗りやすくなります。

とても多くの要因が子どもの自己肯定感に影響を与えます。親がどのように子どもをしつけ，どのように子どもと接しているか，子どもが友人から言われたことやされたこと，そして，子ども自身が周囲の世界にどう関わるか，それらのすべてが自己肯定感と関係があります。周囲の人のように子どもと関われないと感じたら，どのように子どもと接するのがよいかをよく考えてください。自己肯定感を高めるテクニックを紹介していきます。

しつけ

子どもを尊重し，許容範囲を決め，一貫したやり方でしつけをすれば，子どもは自信がつきます。あなたのしつけが一貫していなかったり，子どもを説得したり，主たるしつけの方法として子どもを叩いたりしているならば，愛情と尊重に満ちたしつけの方法を教える地域のワークショップに参加しましょう。

子どもに制限を与えることは，子どもの安定感と安心感を高めます。子どもの自己肯定感は，置かれた状況に影響を受けます。愛情に満ちた方法で子どもをしつければ，子どもの自己肯定感は高まり，理性を失った，衝動的で，配慮に欠ける方法でしつければ，子どもの自己肯定感は下がるでしょう。親の離婚を経験した子どもは，自己肯定感がとくに傷ついています。あなたが子どもをどのようにしつけているかに気づくこ

とが大切です。

無条件の愛情

　子どもの自己肯定感を高めるために大切なことは，子どもに無条件の愛情を伝え，行動で示すことです。あなたがしつけのときに用いる言葉と行為が大切です（だから，許容範囲を定めることを学ぶ必要があります）。子どもに靴ひもの結び方やベットメーキング，自転車の乗り方を教えるときなどに使う言葉と行為が大切です。それらは，あなたが自分の気持ちや要求，欲求を伝えるために使っている日常の言葉であり，形式的なものではなく，さりげないものです。「大好きよ」というだけでは，子どもは無条件の愛情を感じないのです。

　愛情を示す言葉を用いた会話を習得する前に，なぜそれがときに難しいのかを理解する必要があります。

存在と行為

　私たちは，わが子がどんな子であろうと，何をしようと，子どもを愛しているとき，特別なやり方で愛情を伝えています。それは，子どもが人生で体験する浮き沈みを生き抜くために必要な自己肯定感の基礎になります。子どもが生まれ，初めて抱き上げたとき，あなたはおそらくそれまでに味わったことのないあふれ出る愛情を感じたと思います。それは，わが子が存在しているという事実だけに基づく，あなたと子どもの絆でした。子どもは，この信じられないほどの深い愛情を受けるために，あなたに何かをするとか，何かを言う必要はありませんでした。この感情は，著名な心理学者カール・ロジャーズのいう無条件の肯定的関心，あるいは無条件の愛情であり，肯定的な自己肯定感の基礎になります。

　子どもが幼いときは，この愛情を表現するのは比較的簡単です。夜眠

第7章　子どもに自信を与える

らないこと以外，子どもは親をイライラさせたり，落胆させたり，悲しませることはありません。親は子どもが生まれてきたので愛情を注ぐのです。事実，この年齢では，子どもは純粋にこの世に「存在するだけ」で何もしません。

　この存在する者が，行為する者になると，ことは簡単ではなくなります。子どもは，壁にマジックで落書きをしたり，口応えをしたり，きょうだいに意地悪をしはじめます。子どもが，私たちの嫌がることをしはじめたとき，子どもという存在とその行為に私たちは混乱します。

　子どもが，何かをすることで親からの愛情を得ようとするならば，子どもは，何をしても，何歳であっても，けっして自信がもてません。休みなく働き，高給を稼ぎ，さらなる成功を目指し，何を達成しても，けっして満足できない大人がいます。そうした大人は，親から無条件の愛情を受けなかったのです。この愛情を受けることは，すべての子どもが生まれながらにしてもっている権利です。

　子どもに愛情を伝えるのは，他のことと同様に，いつも容易ではありません。結局，社会はあなたの子どもを評価し，決まったやり方で行動することを期待します。子どもが，社会の基準に従って行動するように教えることが，あなたの仕事であることは間違いありません。子どもが何も悪いことをしていないときに，無条件の愛情を示すことはとても簡単です。しかし，子どもが間違ったことをしているときでも，子どもに無条件の愛情を示すためには，子どもという存在と子どもの行為を区別する，特別なテクニックを学ばなければなりません。たとえば，子どもがミルクの入ったコップをこぼしたとき，あなたは，「バカ！　コップから手を離したら，ミルクがこぼれることがわからないの？」と叱るかもしれません。これでは，子どもは失敗から学べず，子どもにバカだということだけを伝えています。あなたステートメントは，相手を責め，しばしば相手の人格や存在そのものを攻撃することを思い出してください。あなたが子どもの存在そのものを攻撃するとき，子どもは防衛的に

なりやすくなるだけでなく，自己肯定感も傷ついています。

　子どもの行動を直さなければならないとき，あなたステートメントよりも私ステートメントが効果的です。なぜなら，子どもの行為に対するあなたの気持ちと，子どもという存在に対するあなたの気持ちを，きちんと区別するからです。

　「ミルクをテーブルの端に置くと，うっかり倒してしまうかもしれないから，私は心配だわ。コップをテーブルの真ん中においてね」とあなたが言えば，子どもは責められたと感じないで，あなたの言うことを聞くでしょう。同じように，もしミルクが実際にこぼれてしまったら，「ミルクがこぼれて困ったわ。きれいにしてね」と言えば，子どもはあなたが直してほしいと思っている自分の間違いを受け止めるでしょう。この言い方であれば，子どもは自分が悪い人間やバカであるとは感じないのです。

子どもの話を聴く

　子どもの話を聴くことは，自己肯定感を高めるために重要です。話を聴いてもらっていると感じている子ども（すべての人）は，自分の話すことは価値があり，会話は意味があると感じます。そのことは，子どもに自信をつけます。

　子どもの話を聴くことは，子どもにあなたの無条件の愛情を伝える可能性もあります。よくあることですが，子どもは親の離婚は自分が原因と責め，自分のしたこと，感じたこと，思ったことが，親の別居を引き起こしたと感じています。また，子どもは，片方の親あるいは両方の親に対して怒りを抱くことに困惑し，怒りの感情を抱くことに罪悪感をもっています。あなたが子どもの話を聴き，子どもの感情を受け止めてあげると，その感情が肯定的であれ，否定的であれ，あなたは子どもに無条件の愛情を伝えています。

もしあなたが，子どもの考えを聴くことができたら，こんな感じでしょう。「僕が不機嫌だったり，怒っていたり，動揺したりしていても，パパは僕を責めないで，アドバイスしてくれるんだ。パパは本当に僕の話を聴いてくれる。パパは僕のこんなに最低な気持ちを受け止めてくれるほど，僕を愛してくれているんだ」。

自信を示す

子どもの自信となる他の重要な基準は，あなたが子どもの成功に自信をもっていることです——周囲から期待されていることと，あなたの望んでいることの両方を，あなたの子どもならばうまくこなせると信じてあげることです。あなたが，子どもは困難な状況でも対処できると信じて振る舞えば，子どもは自信がつきます。しかし，時々あなたは，子どもはうまくできないに違いない，というメッセージを不用意に伝えてしまうことがあります。このメッセージは，あなたが子どもに「宿題を忘れないでね」「それに気をつけて」と言うときなどに伝わってしまいます。子どもは，「私はあなたが宿題を忘れると思っている」「私はあなたが不注意で向こう見ずな行動をすると思っている」というメッセージを受け取ります。ある父親の話です。

> 去年，庭の木を刈り込むために，梯子に登っていたら，近所の人がやって来て，「気をつけて，落ちないようにね」と言ったんだ。私はふと思ったよ。彼女は私が意図的に梯子から落ちるとでも思ったのかな，と。

あなたは，大人に対するこうした言葉を聞いたとき，ばかばかしいと思い，善意として聞き流します。しかし，人はこうした言葉を子どもに対していつも使っています。問題は，こうした言葉が子どもから自信を奪うことです。つまり，こうした言葉は，「あなたは不注意だから梯子から落ちるよ」と言っているのと同じなのです。子どもは，大人のよう

に聞き流すことができず，まじめに受け止めて，「僕は，不注意なんだ」と思うでしょう。

　子どもたちの行動に期待していることを示すために，もっと前向きな言い方をしてください。「昨日，宿題を覚えていて，偉いわ。あなたは毎日，宿題を一生懸命やっているわね」と言うのはどうでしょうか。「気をつけなさい」という代わりに，「食事のあと，気をつけてお皿を台所に運んでいるわね」と言うようにしましょう。このような肯定的な言葉かけが，子どもに達成感を与え，子どもは自信をつけていくのです。子どもが自分の能力に自信をもてば，失敗や不注意，あるいは何かを忘れることが少なくなるでしょう。

　同じ原則が，大人にも，元配偶者にもあてはまります。あなたが「忘れないで」の代わりに「～～を覚えていてね」と言うと，嫌味ではなくなります。「ジョンソンの野球のミットを入れるのを忘れないで」と，「ステファのバレーの服を入れるのを覚えていて」の違いは明らかでしょう。

理想を手放す

　私たちは，子どもの理想イメージに固執することによって，子どもが内に秘めている強さや力をうっかり奪ってしまいます。私たちは，勇敢な，立派な，愛らしい，美しい，かっこいい，数学や運動ができるという理想イメージを，自分の子どもに期待します。

　私たちの多くは，子どもが生まれる前から，子どもの理想イメージをつくり始めます。この「空想上の子ども」は通常，私たち自身の子ども時代に基づいています。おそらくあなたは，フットボールの花形選手やバレリーナになりたくて，でもフットボールやバレーを習わせてもらえなかったのかもしれません。あなたは友人よりやせっぽちだとか太っていることで，からかわれたことがあるかもしれません。あなたは，運動

第 7 章　子どもに自信を与える

神経がよいきょうだいを、いつも羨ましく思っていたことでしょう。

私たちの願いや叶わなかった夢のすべては、親やきょうだい、その他の人たちとの否定的な経験と混ざり合って、わが子に私たちの夢を実現してほしいという思いになります。私たちは、息子にフットボールをさせたいとか、娘が同級生より太っていたらどうしようとか、息子がからかわれないように背が高ければいいのにとか、娘に数学を勉強させて大学で優秀な成績を取らせて成功させたいと願います。

残念なことに、この理想は、子どもにとても高い水準を要求することになり、子どもはこの水準にけっして到達することができません。子どもたちは（ときに何も言わなくても）「おまえはけっしてそこに到達できないよ、いつも何かが間違っているから」と受け取ります。もちろん、私たちはそのように伝えているつもりはありません。私たちは心から子どもにはできる限りのことをしたいと思っています。しかしながら、伝わるメッセージは否定的なのです。

「でも」に気をつける

ありのままの子ども、たとえば太っている・やせている、背が高い・低い、運動ができない、芸術の才能がない、などを受け入れることは容易ではありません。私たちが毎日の会話で使っている言葉は、わが子に受け入れられないと伝えている場合があります。あなたが会話で使っていて、やめたほうがいい言葉は、「でも」です。

あなたが子どもに「上手に色が塗れたわね。でも、ここが少しはみ出しているわよ」と言うとき、あなたは子どもに、親の期待に応えていない、と不注意にも言っていることになります。「でも」は、その前の言葉をすべて否定するので、こういうことが起きます。あなたの子どもは、あなたの完璧主義から出たメッセージ「それではだめよ。今度は線からはみ出ないようにね」を受け取ることになります。たとえあなたが、

「今回は英語がいい成績だったわね。でも，数学はもっとがんばらないとね」と言って褒めたとしても，子どもは「でも」の後に来る言葉，数学はもっとがんばらないといけない，だけを心に留め，暗黙のメッセージ「あなたはもっとがんばりなさい」を自分に課すことになるでしょう。

褒め言葉と要求は区別する

あなたの言葉から「でも」をなくすために，言葉は「そしたら」でつなげるか，終止符を打ちましょう。たとえば，「部屋の掃除を始めたのね。そしたら，すぐに片づきそうね」は，「部屋の掃除を始めたのね。でも，もう出かけないとダメよ」よりもはるかに効果があります。

他のやり方は，褒め言葉と，すぐに変えてほしい行動の要求を区別して伝えることです。あなたは，子どもに「部屋を片づけて偉かったわね」と言って終わりにします。もし，「片づけないとならないおもちゃがまだ少し残っているわね」と言いそうになったときは，先ほどの言葉に続けて「残っているおもちゃは一緒に片づけましょう」と言ってください。そうすれば，子どもは褒められたと受け止めて自信がつきます。これなら，子どもは残っているおもちゃに注意を向け，批判されたと思うことがありません。

行動と愛情は区別する

子どもに愛しているよということを明確に伝えるために，褒めるときも，子どもが失敗したときも，子どもの行動と子どもへの愛情を区別しましょう。「部屋を片づけていい子ね」と言う代わりに，「部屋が片づいたのを知っているよ」と言いましょう。

私たちはみんな，子どもに何ていい子なの，と言いたいですし，そうするべきですが，子どもの行動をその理由にしてはいけません。子ども

は，自分がよいことをしたからではなく，存在しているだけで，愛されていると感じるべきなのです。ですから，「わあ，よい成績だ」と抱き締めて，すぐに「大好きだよ」と言う代わりに，2つの言葉をわけましょう。「今回は，ほとんどの科目がAだったね。よくがんばっていたものね」と言い，それとは関係ないときに，子どもが取り立てて何もしていなくても「大好きだよ」と言ってください。多くの親は，自分たちが気を緩めたり，子どもの監督を怠ったりすると，子どもは努力しなくなるのではないかと心配します。しかし，そのようなときにこそ，子どもは努力するのです。子どもが必要としているのは，無条件の愛情と受容です。たとえ，子どもが好ましくない行動をとったとしてもそうです。あなたにできる最も大切なことは，子どもに任せて，子どもが自分らしくいられるようにすることです。

あなたが「理想の子ども」へのこだわりを手放せば，子どもはあなたから無条件に受け入れられていると感じ，健全に育つでしょう。あなたは理想の子どもをあきらめることを嘆かなければならないかもしれません。しかし，子どもには，子どもがしたことではなく，ありのままの子どもに対して，愛しているよと毎日伝えましょう。あなたから口うるさく言われなくても，子どもは精一杯努力し，難なくできると信じてあげるのです。子どもは，自分の失敗をあなたからくどくど言われなくても，わかっていることを理解してください。

「怪獣」はいない

私たちが子どもに自信を喪失させ，自己肯定感を奪ってしまう他のやり方は，過保護になることです。もちろん，子どもは多くの面で保護が必要ですし，人生のさまざまな段階でたくさんのことについて私たちに依存しています。しかし，私たちはしばしば子どもが本当に必要としていること以上のことをやってしまいます。

> 　私たちは，息子が8歳のときに離婚しました。その頃から，息子は突然暗闇を怖がるようになりました。毎晩，寝つかせるのが一苦労でした。息子は，暗闇に怪獣がいて襲いかかってくる，と言って大泣きしました。毎晩，彼のそばにいて，結局彼が寝つくまで添い寝をしなければなりませんでした。これが何週間も続きました。それでも，彼は夜中に目を覚ますと泣いて私を呼ぶので，一緒に寝ることもありました。私は毎晩，彼を慰めようと部屋を行き来しました。私は，息子が怖がっているのをわかっていたので，守ってあげるから大丈夫，と彼に言ったことは正しかったと思います。3か月後，私はとうとう専門家に相談しました。カウンセラーは，息子がとくにつらい時期にいるので，私がやったことは正しいけれども，私が息子を何かから実際に守ろうとすることは正しくないと指摘しました。息子の添い寝をして，守ってるあげるからねと言うことで，私は不本意にも，息子の怪獣ファンタジーを助長していたのです。息子は，怪獣はたしかにいるというメッセージを受け取ってしまいました。そうでなかったらママは僕を守る必要はないからと考えたのです。

　この子どもは，母親が彼の恐怖に対処してくれたとは理解しませんでした。そうではなくて，母親は怪獣に対処してくれたと信じたのです。子どもに自分は能力があると自信をもたせるために，私たちは子どもの自立心を育てなければいけません。この母親は，「時々，何かが怖くなるのはわかるわ。とくに夜はね」と言って，子どもの恐れに耳を傾け，恐怖心を認めてあげるべきでした。さらに母親は，問題の根源にあること，つまり，子どもにとって親の離婚がどれほどつらいかをわかってあげる言葉を伝えるべきでした。

　母親は，「今は，あなたにとっても，私たちみんなにとっても，つらい時期なの。パパとママが離婚するとき，生活が変化するので，少しだけ不安や怖さを感じるのよ」と言ってもよかったでしょう。それから，「もう大丈夫。時々怖くなることもあるけど，安心だってことがわかったでしょう」のように言って，息子を安心させてもよかったでしょう。

　おそらく最も大切なことは，子どもに自信を与えるために，「ママは，あなたが1人で寝られることをわかっているわよ。あなたがもっと勇敢

になるためにはどうしたらいいかを一緒に考えない？　廊下の明かりは今晩つけっぱなしにしておくのはどう？」と勇気づけることだったかもしれません。

　あなたの息子が怖くないように何かを提案するのはいいですが，怪獣がいるからという理由で，夜あなたが息子のそばにいることは控えるべきでした。もし息子が一緒にいてくれることを望んだら，「あなたは1人で寝られるわ。ママは安全じゃない場所ではあなたを1人にさせないからね。ママがいなくても勇敢になれる方法を考えない？」と言うのもよいでしょう。

　長い会話は必要ありません（30分以上は長すぎます）。よい解決策が見つからなかったら，好ましい会話の終わり方は，「あなたはものごとを解決する力があるわ。きっと役に立つアイデアが浮かぶわよ。ママに手伝ってほしいことがあったら教えてね。すぐ隣の部屋にいるから」のように言いましょう。

　こうした支持的な問題解決アプローチは，子どもの独立心を促し，自信を与えます。同じように，子どもの勇気を育てます。なぜなら，あなたが子どもの気持ち（この場合は恐怖）を認めつつも，架空の「怪獣」は認めていないからです。子どもは，こんなふうに思うでしょう。「大丈夫なんだな。そうでなかったら，ママはいなくならないもの。ママは，僕ならできるって信じている。僕はできるんだ！」。

　もちろん，不安（あるいは他の感情）の根拠が妥当であれば，たとえば子どもが「パパとママが離婚するのは不安だよ」と言うならば，あなたは不安と離婚の両方が真実であることをわかってあげましょう。しかしながら，子どもが大丈夫と思えるために何をしたらよいかを尋ねて，子どもを安心させる必要があります。

　このやり方でさらに大切なことは，子どもの発達段階を知ることです。子どもが何歳であっても，怪獣を恐れるという理由で添い寝をする必要はありません（怪獣は実在しないので）。しかし，あなたは子どもの発

達段階に応じて援助する必要があります。たとえば，6歳の子どもが友人に親の離婚の話をすることを嫌がるからと言って，あなたは子どもに話すことを強要してはいけません。子どもは，どう話せばいいのか，恥ずかしく感じたり，あるいは戸惑ったりしているのかもしれません。子どもに離婚について話すことを強要すると，余計なストレスを背負わせることになります。発達段階的に見て，子どもがまだ自立の特定の水準に達していない場合，あなたは子どもに寄り添い，必要な援助を与えなければなりません。

子どもの心づもりができているかどうかを知るために，あなたは自分の子どもに関する知識を考慮するだけでなく，子どもの年齢と発達についての本を読む必要があります。多くの場合，子どもは私たちが思っているよりもはるかに有能でしょう。発達に関する本を読むと，自立を促すための客観的な発達の視点を学ぶことができます。

焦点を変える

私たちは，人生のさまざまな場面で，よい面ではなく悪い面ばかりに着目するときがあります。多くの人は，「2つの状況を比べてよい方」を選ぶ代わりに，「2つの最悪な状況を比べて悪い方」を選んで生きています。「コップの半分がもう満たされている」と見るのと，「コップの半分がまだ空だ」と見るのでは，違うのです。

> 私が幼かったとき，夕食後に自分の皿の汚れを流して，皿洗い機に入れるのが，それぞれの子どもの仕事でした。毎晩毎晩，日課として，私はそれをやりました。しかし，親はけっして何も言ってくれませんでした。ある晩，食事の終わり頃，友人から電話がありました。食事はほぼ終わっていたので，母は私が電話に出ることを許してくれました。私は会話に夢中で，電話を切ったとき，私の皿が食卓にあるのをすっかり忘れていました。そしたら，継父が私の「無責任な行動」を叱り飛ばしました。私は，毎晩きちんとやってきたのに，継父はそれにまったく

第7章 子どもに自信を与える

> 気がついていなかったのだ、と思ったことを覚えています。私はたった一回やらなかっただけで、突然無責任と言われました。それ以来、私はほとんどわざと皿を片づけるのを「忘れ」、私がいかに怒っているかを継父に「思い知らせ」ました。

この出来事は、この女性にずっと影響を与えました。彼女の継父は、子どもがきちんとやっていることは認めないで、その代わりに子どもの失敗を指摘し、自己肯定感を傷つけたのです。このような場合、子どもは「いつも完璧でなければ、やらないのと同じなんだ。自分は完璧な人間じゃない。努力が無駄になって、失敗だけが注意されるなら、何でやらなきゃいけないの？」と感じます。

すぐに子どもは「空の半分」を満たす期待に応えるために、中途半端な行動をとり始めます。もし継父が「皿を下げてくれたら嬉しいな」と言い、その次の晩に（子どもが頼まれなくても皿を下げたとき）、「君は言われなくてもお皿を下げるので責任感がある子だと思っていたよ。いちいち言わなかったけど、口に出さなかったからといって、気がついていなかったわけではないよ」と言っていたら、この女性は生涯にわたってまったく異なる気持ちでいられたでしょう。彼女は、責任をわざと「忘れる」ことで継父に仕返しをするのではなく、指摘されなくても責任のある行動ができる自信をもてたに違いありません。加えて、継父に親しみを感じ、同時に支えられていると感じたのではないでしょうか。

焦点を変えるために、以下の質問を自分に問いかけてください。

「今日、子どもがきちんとできたことは何か？」
「私が感謝と喜びを指摘できることは何か？」
「今日、子どものことで誇れることは何か？」

ときに「コップの半分がまだ空だ」の代わりに、「コップの半分がもう満たされている」と考えるようになるには時間がかかります。しかし、

ひとたび子どもについて肯定的に見ることを始めると，その見方は習慣化し，あなたの生活の他の面も同様に前向きに考えられるようになるでしょう。

手本になる

子どもに自信を与える重要な側面は，手本になることです。これは通常，親が最も難しいと感じる方法ですが，欠くことができません。私たちの多くは，自己肯定感を抑えたり，他者からの肯定的なフィードバックを控えめに受け取ることに慣れています（おそらくそのように育てられたためです）。私たちは「私はダメだ」「私はいつもだいなしにする」「私はいつもちゃんとやることができない」などと言います。そのように言うとき，私たちは自己卑下の道を歩み始めるだけでなく，子どもに対して自信をもたなくてもいいと示す手本にもなっています。

誰かがあなたに「うまく対処できてすごい」と言ってあなたの自信や意欲を褒めているのに，あなたが子どもの前で「そんなことないでしょう？　私は失敗ばかりしているのに」と答えるとき，子どもはその態度を見ています。子どもは，これが不適切で自己卑下的な対応とは気づきません。子どもはこれを聞いて，同じような状況に置かれたときに，同様の反応をするのです。

私たちのワークショップでは，参加者がお互いに褒め合うエクササイズを行います。興味深いことに，多くの人は褒められてもそれを認めようとしません。ある女性は，「他の人に向けられた褒め言葉に羨望を感じました。私は，あのような褒め言葉を自分に言ってもらいたかったです」と言いました。しかし，彼女への褒め言葉は「繊細」「率直」「正直」「ユーモアのセンスがある」などで，人が羨むほどでした。

あなたの子どもが褒め言葉を認めることができるようになるためには，そして，それによって自己肯定感を高めるには，あなたも他者からの励

ましや支持を認めて受け入れなければなりません。「ありがとう」あるいは「そう言われると嬉しいわ」と言って褒め言葉を受け取ることによって、あなたは自分の長所を受け入れながら、子どもが自分の長所を受け入れる手本になるのです。

第 8 章
元配偶者が問題ピラミッドの頂上にいるとき

元配偶者の問題であるとき，どのようにやりとりするか

　すでに述べたように，誰か他の人が問題をもっているとき，私たちは（多くの場合知らないうちに）それを自分自身の問題として引き受けようとしてしまうことがあります。私たちはすぐにその問題を解決する方法について，何ができるか，何を言うべきかを考え始めます。そのとき，多くの場合，問題をもっている当の本人は，私たちに問題を引き受けてもらってほくそ笑んでいます。結局，その人たちは問題を解決する重荷から解放されるのです。このことは，とりわけ元配偶者が関わる状況の本質を突いています。実際，相手方は子どもに関する自分の問題をあなたに解決してもらうことを期待するだけでなく，多くの場合あなたに押しつけてくるのです！

　しかも，ややこしいことに，元配偶者が問題ピラミッドの頂上にいるからといって，必ずしもあなたが完全に無罪放免になるわけではありません。あなたが高笑いしながら，「それはあなたの問題よ。最低なヤツ！自分で何とかしなさいよ」と言おうとしても，子どもが関わっている限り，ものごとはそれほどシンプルではないのです。あなたの毎日の仕事は，子どもを守り育てることです。したがって，あなたは元配偶者の問題について，自分が引き受けないようにしながら，子どもを守るために，相手と話し合わなければならない場合もあるのです。これはとても厄介なことです。

第8章　元配偶者が問題ピラミッドの頂上にいるとき

時間をかける

　最初のレッスン，そしておそらく最も重要なレッスンは，問題が起きたときに，あまりにも拙速に行動してはいけないということでしょう。水曜日の夜にジルが電話を取ったとき，元夫マイクからの電話だとは予想していませんでした。マイクは前置きもなく，「お願いがある。今週末はクリステンとの面会交流の日だが，申し訳ない，スキーに誘われて断れないから，別の日程で面会交流したい」と言ってきました。

　彼女は「ちょっと待って」と答えました。「ちょっと手を離せないから，数分待ってもらえないかしら。それか，いったん切ってかけ直したほうがいい？」。

　「わかった。待っている」

　このときジルは賢明でした。マイクに待ってもらうことで，数分考える時間をつくったのです。多くの場合，自分の問題に巻き込もうとしてくる人は，たいていこちらを驚かせることから始めます。

　急いで行動するようにプレッシャーをかけることは，きわめて操作的な振る舞いといえます。期限を切ってプレッシャーをかける元配偶者は，よく検討する前に商品を購入させようとするセールスパーソンに似ています。ときにプレッシャーは会話の始まりにみられます。マイクとジルの会話のように。もちろん，会話の途中や最後にみられる場合もあります。

　プレッシャーをかけられていると感じたら，どのようなときでも，「あなたの考えを聞けて嬉しいわ。よく検討してから，私の考えをまとめるわね」というようなことを言うのが適切です。あるいは，「回答を今すぐ必要としていることはわかっているわ。でも，よく考えさせてほしいの。1時間後にかけ直すわね」と答えるのはどうでしょうか。拙速に行動してもよいことはめったにありません。そして，時間をかけるこ

とは，あなたのためになります。すぐに回答したり，判断しなければならないと考える必要はありません。

■ ジルの回答
　ジルはマイクが言ったことについて数分考えて，電話に戻りました。
「待ってくれてありがとう。で，用件は何かしら？」
「今週末にスキーに誘われたんだ。それでクリステンの面倒を見てほしい」
「そうなの。スキーは楽しそうね」
「ビジネスチャンスなんだ」
「そうね！　クリステンはどうするの？」
「どういう意味だい？」とマイクは困惑して答えました。
「クリステンについてはどのような案を考えているの？」
「君に面倒をみてほしい」とマイクは立腹した口調で言いました。
「話し合ったじゃないか。ベビーシッターに預けるよりも，親と一緒にいるほうがいいって。何と言っても君は親じゃないか」と最後に皮肉を言いました。
「そうね。私は親よ。でも今週末は私も予定があるの。だから今回は無理なのよ。他にどのような案を考えているの？」
「他の案なんか何もないよ！　ベビーシッターになんか預けたくない」
「わかるわ。そうなると，あなたはスキーの日程を再調整しなければならないんじゃないかしら。それか，ベビーシッターに預けるならば，私はそれでオッケーよ。これまで利用したベビーシッターの電話番号があるわ」とジルはいくつかの電話番号を伝えました。
「わかったよ。何とかする」とマイクは吐き捨てました。「くそっ。信じられない」。
　ジルはこの状況を上手に扱いました。彼女はマイクが自分の問題を彼

女に引き受けてもらおうとしていることに気づき，それを引き受けることを拒否したのです。

巻き込みのテクニックを見抜く

　ジルがその上手な応答で最初に行ったのは，マイクが自分の問題に巻き込もうとして使っているテクニックを見抜くことでした。そうしたテクニックを見ていきましょう。

■決めつけ
　決めつけは，多くの人が自分の問題を自分で解決することを避けるために使うテクニックです。マイクの「クリステンの面倒を見てほしい」という言葉の裏には決めつけがありました。この言葉には，ジルの週末には予定がないか，あるいは自分のために簡単に予定を変更できるはずだ，という決めつけが隠されています。

■以前の合意事項を持ち出す
　ジルがマイクの問題をすぐに引き受けなかったとき，マイクは以前の合意事項を持ち出して彼女を説得しようとしました。「話し合ったじゃないか。ベビーシッターに預けるよりも，親と一緒にいるほうがいいって」。今話し合っている状況について一般的な合意事項を持ち出すことは，巻き込みのテクニックです。親がクリステンの面倒を見るほうがよいという「理想」にジルも合意していたことは事実ですが，この抽象的な合意事項を厳守しなければならないわけではありません。常に例外についてケース・バイ・ケースで考えていく必要があるでしょう。

■皮肉を言う
　マイクは「何と言っても君は親じゃないか」と皮肉を言いました。皮

肉を言うことは,相手を小バカにして困惑させ,考え方を変えさせようとするときに使われます。

■交渉を拒否する

ジルが「他にどのような案を考えているの?」と聞いたとき,マイクは「他の案なんか何もないよ! ベビーシッターになんか預けたくない」と切り捨てました。「いつも」「絶対に」という言葉について述べたことを覚えていますか? 「何もない」という言葉も同じカテゴリーに入れることができます。この状況に対応する案は他にもたくさんありますが,「何もない」と言うことで,マイクはジルを巻き込んで自分の問題の責任を引き受けさせようとしています。

防衛的に反応しないこと

マイクが使う巻き込みのテクニックに気づき,ジルは問題を引き受けることを上手に避けることができました。次に,ジルが前向きな話し合いを続けるために使ったテクニックを見ていきましょう。

ジルはマイクと話し合うときに防衛的に反応しないことができています。元配偶者と話し合うときは,片方あるいは両方の親が交渉のテーブルにつく前に怒りの言葉や行動を示しているので,交渉を始める前に決裂してしまうことがよくあります。そのような場合,もう片方の親は,はじめは怒っていなくても,相手方の攻撃的な口調や行動に対して防衛的に反応しがちです。両方の親が怒り口調でやりとりを始めると,結果的に交渉は決裂してしまうでしょう。そして,話し合いが決裂すると,双方ともにいかに最低の父親あるいは最低の母親かという話を子どもに聞かせることになるのです。

防衛的に反応しなければ,元配偶者に言い分を聞いてもらえていると思ってもらうことができます。これは重要です。というのも,人は話を

第8章　元配偶者が問題ピラミッドの頂上にいるとき

聞いてもらえていると思うときに，声の調子や行動や言葉を過激化させることはないからです。次のように考えているときに過激化が起こります：私の考えていることや望んでいることを彼女は理解していないに違いない。もし彼女が本当に状況を理解しているならば，私の申し出を拒否すべきではない。

　防衛的に反応しないこととは，あなたの理解を明確に示すことといえます。たとえば，以下のような言い方があります。

「それは興味深い見方だね」
「つまり，君が言いたいことは〜〜」
「それは大変ね」
「わかったわ」
「なるほどね」
「うーむ。それは問題ね」
「あなたはジレンマを抱えているのね！」
「子どものことで旅行を取りやめにするのが難しいことはわかるわ」

　ときに，元配偶者の発言に対して理解を示そうとするあなたの懸命な努力にもかかわらず，相手方が攻撃的な発言を続ける場合があります。そのような場合，以下のように言うことが役に立ちます。「あなたが言いたいことを私はちゃんと理解しているかしら？」「私に何と言ってほしいのかしら？」。元配偶者が「なぜおまえはそういうふうに話すんだ？」あるいは「素人カウンセラーみたいな聴き方はやめてちょうだい」などと言ったならば，あなたはやりすぎているかもしれないので，ちょっと控えてください。そして，「うんうん」「うーん」や，他の非言語的な相づちに戻りましょう。

問題を相手に差し戻す

　問題を元配偶者に差し戻す前に，あなたは自分の境界や限界を伝える必要があります。ジルは週末に予定がありました。それは交渉の余地がない彼女の限界といえます。彼女は「でも今週末は私も予定があるの。だから今回は無理なのよ」と伝えました。それから，「他にどのような案を考えているの？」と言って，マイクに問題解決のプロセスを差し戻しました。
　私たちは相手が自分の問題を解決することを次のような発言でサポートします。

　「あなたはこの問題にどのように対応しようとしているの？」
　「もしあなたが～～したら（他の週末にスキー日程を再調整したら，
　　親戚の家にクリステンを預けたら……など），どうなるかしら？」
　「わかるわ。あなたはクリステンをどうするか，他にどのような方法
　　を考えているの？」

　自分の意見を主張することに慣れていない場合，こうした発言をすることはたくさんの勇気がいるでしょう。問題を抱えている当の本人に問題を差し戻すことは難しいものです。とりわけ本人が自分の問題ではないと思い込んでいるときは！
　もちろん，ジルに週末の予定がなく，娘と一緒に過ごしたいならば，この問題をあえて取り上げる必要はまったくありません。ジルに週末の予定がなく，けれども元夫の問題であることを知らせたいときは，「ラッキーなことに，週末は予定がないから，あなたを助けてあげることができるわ」と言うことができます。

第8章 元配偶者が問題ピラミッドの頂上にいるとき

内容に同意する

　マイクが皮肉を言ってジルをおとしめようとしたときに，ジルは他のテクニックを上手に使いました。マイクの皮肉な口調に過剰に反応するのではなく，発言の内容に「そうね。私は親よ」と同意することで衝突を避けたのです。そして，彼女は自分にも予定が入っているという事実を伝え，「他にどのような案を考えているの？」と続けました。

　ここでシェリルが元夫の問題にどのように対処したか，別の例を見ていきましょう。読者の皆さんはこの例で使われたコミュニケーション・テクニックに気づくに違いありません。

■ピアノの問題

> 元夫は娘にピアノを習わせたいのですが，私は我慢できません。彼はいつも電話してきて，練習しているかと確認するので，うんざりします！

　問題ピラミッドの頂上に元夫がいることを確認したあとで，シェリルは次の電話のために準備しました。案の定，1時間もたたないうちに元夫は電話してきました。

「シェリル，話がある」（驚かせるような勢いで）

「何かしら？」

「実は，ダイアナのピアノのレッスンが今日あったんだが，うまく弾けなかったんだ。先週，君の家にいたときに，彼女が練習していたとは思えない。彼女の練習時間をちゃんと設定してもらわないと困る」（シェリルに問題を引き受けさせようとしている）

「彼女はレッスンでうまく弾けなかったのね」（話を聴く）

「そうだ。全然ダメだった。何でだ？　おまえはまったく彼女に練習させていないだろう」（決めつけ）

「あなたが彼女の練習をとても気にしていることはわかったわ。あな

たはピアノの練習について彼女にどのようにアプローチしようと考えているの？」（防衛的でない反応＋ブレーンストーミング）

「シェリル！　おまえに練習させてほしいと頼んでいるんだ。練習させてほしいと言っているだけでダメな母親とは言ってないだろう」（交渉の拒否＋軽蔑的な非難を交えた皮肉）

「私に練習させてほしいと思っていることは理解しました。あなたにとって練習が非常に重要なことは伝わってきたわ。あなたが自分自身で彼女に伝えると意味があると思うの」（話を聴く＋ポジティブな主張）

「ほらまた。おまえは責任を放棄している」（侮辱的発言）

「急いでいるの。あなたが言ったほうが彼女も応えるはずよ」

シェリルは，衝突しないように気をつけながら，元夫の問題を引き受けないように上手にやりとりしています。最後の彼女の言葉は前向きな期待として述べられています。

シェリルはポジティブな主張をもっと直接的に述べることもできました。たとえば，「あなたにとってピアノが重要なことは理解したわ。そのことについてはダイアナと話してください。私はこんなことであなたと衝突したくないから，そうしてほしい」と言うことができたかもしれません。

ガチャン！　問題を避ける元配偶者

　　私は元妻が自分の問題を避けることを知っていました。しかし，離婚したあとに，そのことがより顕著になっていきました。私たちは養育費，面会交流，子育て，あらゆる日常の事項などについて，たくさん話し合いました。毎回，元妻は一方的に電話を切ります。私は，彼女が何をすべきで何をすべきではないと考えているかを元妻に説明している真っ最中に，ガチャン！という音を聞くのです。私は元妻に電話をかけ直したとき，不快な言葉をわめき散らされ，再び電話を切られることに苛立っています。

第8章　元配偶者が問題ピラミッドの頂上にいるとき

　ときに元配偶者が自分の問題を意図的に避け，会話の最中に一方的に会話を打ち切ることがあります。電話を叩き切ったり，ドアをバタンと閉めたり，メールを無視したりなど，怒りに任せて会話を一方的に打ち切るときは，元配偶者は意図的に問題を避けています。元配偶者がそうした行動をとるとき，あなたは思わず報復したくなるかもしれません。あなたは電話をかけ直し，「最低なヤツ。なんてことを〜〜！」と叫んだり，怒りに任せたメールを書いたりしたくなるかもしれません。しかしながら，こうした反応は問題を避ける相手を扱う効果的な方法ではありません。そうではなくて，反応をいったん控えて，自分の反応の方向を変えてください。たとえば，友人に電話して愚痴を言わせてもらい，問題を避ける元配偶者を扱う方略を一緒に練るのはどうでしょうか。

　しかし，元配偶者がとても頑迷に自分の問題を避け，あなたの試みるあらゆる方略が失敗に終わるとき，どうすればよいでしょうか？　そのような場合は，問題ピラミッドの頂上に自分を位置づける必要があります。

ピラミッドの頂上に立つ

　元配偶者が（突然に）コミュニケーションを打ち切ったとき，もともと問題ピラミッドの頂上にいたのが誰かは関係なく，当該の問題を自分の問題として扱う必要があるかもしれません。あなたは「公平ではない」と思うでしょう。その通りです。しかし，子どもが離婚の過程で傷つかないように，夫婦の葛藤から子どもを守ることが目的であることを思い出してください。もしそれが，私ステートメントとポジティブな主張を考えて，元配偶者に伝えることであるならば，そうしてください。もしそれが専門家の支援を受けることであるならば，そうしてください。専門家の支援は今後のためによい経験となるでしょう。

法律あるいは専門家の支援を必要とする場合

　元配偶者が継続的に面会交流の責任を放棄したり，あなたに対して日常的にハラスメントしたり，子どもに対して常に虐待的に接したり，頻繁に養育費を滞納したりするならば，専門家の支援を受ける必要があるかもしれません。ここで「継続的」「日常的」「頻繁」といった言葉を使っていることに注意してください。単発的な行動であれば，それほど気にしてはいけません。しかし，単発的な行動が日常化したならば，厳正に対処する必要があるでしょう。セラピストが必要ならば，探してください。弁護士（あるいは今よりもっとよい弁護士）が必要ならば，探してください。警察が必要ならば，今すぐに電話してください！　元配偶者がセラピストを必要としている場合であっても，あきらめないでください。たとえば，あなたが一緒にセラピーを受けることを提案できるかもしれません。あるいは，本書を読んでもらうことを願って，元配偶者に本書を送ることもできるでしょう。

■カウンセラーあるいはセラピストを探す

　元配偶者には本当に支援が必要であると思った場合，元配偶者に「子育ての問題」についての同席カウンセリングを提案するとよいかもしれません。しかし，あなたの目的が相手にセラピーを受けさせることならば，それはやめてください。あなたは自分を変化させることしかできません。カウンセラーやセラピストを自分のために探すことは，元配偶者に関連する感情を効果的に取り扱ううえで役に立つでしょう。

　カウンセラーやセラピストの支援を受けることは恥ずかしいと考えている人もいますが，実際のカウンセリングやセラピーは「自己」と向き合う作業といえます。セラピーは人生の地図と考えてください。多くの人は徐々に自分の道を見いだしていきますが，地図を見て，方向を確か

第8章　元配偶者が問題ピラミッドの頂上にいるとき

めることは，そのプロセスをより簡単にするでしょう。

　残りの人生ずっと支援を受け続けなければならなくなるのではないかと思って，カウンセラーやセラピストに連絡することをためらう人もいます。実際は，カウンセリングやセラピーが気に入れば，長期間にわたって続けることもできます。しかし，あなたが回数を区切ることを望むならば，多くのカウンセラーやセラピストはその回数の中で仕事をします。「今，元配偶者との関係に悩んでいます。どうしたらよいかを考えていきたいので，3か月間（あるいは6か月間，あるいは12か月間）の面接をお願いします」と言えばよいでしょう。そのカウンセラーやセラピストが回数を区切ることを好まないならば，別の人を探してください。なお，離婚と再婚の問題，そしてコミュニケーション・スキルの訓練を受けたカウンセラーやセラピストを選ぶことが重要です。

　カウンセリングを受けるかどうかはあなたしだいです。しかし私たちは，子どもが苦しんでいることに気づいた場合は，すぐに専門家の支援を受けることを強くすすめます。そのような場合は，子どものためのセラピー，あなたのためのセラピー，あなたと子どものためのセラピーが必要だからです。

　子どもが専門家の支援を必要としているサインには，以前はよかった学業成績の低下，非常に攻撃的あるいは無気力な行動，体重の大きな増減，極端な敵意や過度な愛情を示すような気分の変動，非常に強い不機嫌や反発などが含まれます。子どもの行動における否定的な変化，たとえば，嘘をついたり，だましたり，盗んだり，ドラッグやアルコールの乱用なども，子どもがつらい時期を送っているサインといえます。

　それぞれの子どもが離婚と向き合う方法はまったく異なっています。子どもの経験，性格，年齢，性別によって，その子どもの立ち直りの力は違うのです。ある人は離婚を交通事故にたとえました。その事故があなたに与える影響は，ある部分では，あなたがどこに座っていたかによります。しかし，よく言われるように，多くの子どもは，他の家族の危

機と同じように，サポーティブな家庭環境に恵まれ，生活が安定し，少なくとも片方の親から純粋な愛情を受けている限り，柔軟に離婚を乗り越えることができます。

元配偶者の身近な「他者」が問題ピラミッドの頂上にいるとき

■いくじなし継父のケース

元配偶者が再婚した場合，元配偶者の問題が，実際は元配偶者の現在の配偶者や身近にいる重要な他者のプレッシャーによって起きているように見えることがあるかもしれません。サムの例を考えてみましょう。

> 息子がちょっとした病気になるといつも，元妻は面会交流の予定を変更しようとします。まるで元妻は子どもを家に泊まらせたくないか，あるいは，新しい夫と交流させたくないみたいです。しかし，それでも元妻は息子に会うことを望んでいます。たいてい元妻が暗い声で電話してくるときは，日中に動物園か公園に連れて行き，夕食前に戻していいかと尋ねてきます。あるいは，今日の宿泊はなしで，2時間ほど映画に連れて行くのはどうかと尋ねてきます。この件について，私は新しい夫が裏で糸を引いているのではないかと考えています。彼は非常に忙しい仕事をしていて，病気になったり，欠勤したりすることについて，きわめて過剰に警戒しています。私は子どもと元妻を交流させたいと思っていますし，元妻もそれを求めていますが，あるときなど，子どもが水虫になったと私が言っただけで，元妻は面会交流の予定を変更しようとしました。

こうした問題は見分けるのが最も難しいといえます。なぜなら，雪だるま効果がみられるからです。つまり，ある人が問題を別の人に押しつけ，その人が問題を引き受けて，それをあなたに押しつけようとしているからです。多くの場合，問題の始まりがどこにあって，誰がその問題に取り組むべきかを見分けることが難しいのです。

言うまでもなく，私たちはすべてを見通すことができないので，サムの元妻の家で何が起きているかを正確に知ることはできません。しかし，

第8章 元配偶者が問題ピラミッドの頂上にいるとき

だからといって,サムは元妻との問題を扱うことを思いとどまるべきではないでしょう。サムの疑いに基づいて問題ピラミッドを使うと,次のように失敗してしまいます。

▶誰が感情を動かされていますか?
　新しい夫
▶誰が問題だと思っていますか?
　新しい夫(病気がうつるかもしれないから子どもに来てほしくないと元妻に言った)
▶誰が解決策を実行する責任をもちますか?
　新しい夫

サムは元妻の新しい夫と接触していないので,問題は異なる角度から見る必要があります。実際は,元妻が問題を抱えているのです。なぜなら,彼女は息子に会いたいし,新しい夫ともうまくやっていきたいからです。元妻は新しい夫と衝突せずに,サムに問題を押しつけています。

▶誰が感情を動かされていますか?
　サムの元妻
▶誰が問題だと思っていますか?
　サムの元妻
▶誰が解決策を実行する責任をもちますか?
　サムの元妻

サムがいかにして元妻と新しい夫の間に存在する問題を引き受けないようにしたかを見ていきましょう。
「サム。ロビンよ。ダニーはどうしてる?」
「調子いいよ。ちょっと鼻をすすっているけれど,もうよくなりそう

だ」

「えっ，鼻をすすってる？　それは伝染性なの？」

「心配かい？」とサムは共感のテクニックを使って応じました。

「いや」とロビンは言葉をにごしました。「その……つまり……えーっと……ダニーとの土曜日の面会交流を昼間だけにできないかしら。昼間は動物園に連れて行ってあげるわ……でも，土曜日の夜は用事があるから，泊まらせることはできないと思うの」。

「私にできることは何かあるかな？　ちょっと言いにくそうだけど。ダニーが病気になると私の知らないことで何か問題でもあるのかな？」

ときに共感的な態度によって問題の中核にたどりつくことがあるでしょう。サムは最初にできることはあるかと尋ね，それからロビンの口調の印象を伝えることで，問題の中核に手を差し伸べようとしています。

ロビンは「いいえ。えっと，つまり，マークの重要なプロジェクトが近づいているので，風邪をうつされたらいけないと思って。だから，ダニーを動物園に連れて行けば，マークは何もうつされないから」。

サムは「そうか。わかった」と応えました。「マークは風邪をひいて仕事を休みたくないんだね。だから，ダニーが100％の調子じゃないと，会えないのかな。あっているかな？」（サムはシンプルに事実を伝え返しています。それから，「あっているかな？」と確認しています）。

「ええ，そうね」とロビンは認めました。「ちょっと困っているの。私はダニーに会いたくてたまらないから」。

「困っているに違いないと思っていたよ。結局，子どもはいつも小さな不調を抱えているよね。ダニーもこの冬そうだった。これほど頻繁に面会交流が短くなると，君もつらいんじゃないかと思っていた。ダニーがいつも伝染性の病気になっているわけではないことについて，マークと話し合うといいよ」

「そうね」

「彼にそう言ったらどうなると思う？　ダニーに泊まってほしくないという彼の意見が伝染性の病気を理由としているならば，伝染性の病気でない場合は泊まってもいいと思うかもしれないよ。あるいは，最近ダニーがかかったすべての小さな不調を君に伝えないほうがいいかな？」

「たぶん」

「これは君にとって難しい問題のようだ。うつる病気じゃない場合は，ダニーの不調について伝えないようにしようか？　そうすれば困らなくてすむ」

「そうね。わかったわ。土曜日はどうすればいいかしら？」

「今週の土曜日の夜はダニーを預かることができるよ。ただ，君からダニーに伝えてほしい。ダニーががっかりしたときに，君が直接対処できるから」

「わかったわ。ありがとう」

サムは上手に問題を扱いました。彼はまだ問題を引き受けているように見えます（なぜなら，ダニーを土曜日の夜に預かるから）。しかし，今後どうするかを話し合うことができました。サムはロビンの本当の問題を（憶測するのではなく）見抜いたことによって，ダニーの体調が深刻でない場合は彼女に伝えないことにしたのです。同時に，サムはロビンが直接マークと話し合うようにささやかに提案しています。それはみんなにとって有意義な話し合いとなるでしょう。さらに，サムは息子ががっかりした場合には自分で対処してほしいと明確に伝えています。それは最終的に，ロビンが新しい夫マークと話し合う動機になるかもしれません。

　この会話はサムにとって大変な作業でした（もちろんロビンと怒鳴り合うよりはましです）。けれども，彼は念頭に最も大事な優先順位をしっかりと保っていました。ダニーです。サムにとってダニーの最善の利益は一緒に時間を過ごすことであり，元妻に問題の解決を見いだすように

勇気づけることでした。彼はほとんどセラピストのような働きをしているように見えますが，コミュニケーションは短いものでした。

ロビンが解決策を考えようとしていなかったので，あるいは，問題があることを認めていなかったので，サムはシンプルに境界を示し，ロビンが新しい夫と病気の子どもの面倒を見る方法を自分自身で見つけるように促したのです。たとえば，サムは「ロビン，君は問題を抱えている。マークは風邪をうつされることをひどく心配しているようだ。しかし，ダニーはそんなに病気じゃない」と言うこともできました。このほうが間違いなく短い言い方ですが，ときにそれは子どもの最善の利益にはなりません。とりわけ問題が何度も繰り返されているときは，ほんの少し時間をかけて，もうちょっと探りを入れ，解決策にたどりつけるように協力してください。

継親の役割

本書は再婚後の子育てについての本ではありませんが，ここで共同養育の問題に無頓着な人と再婚した継親の役割についてふれておきます。

継親であることは難しく，報われないことも多いでしょう。おとぎ話には意地悪な継親があふれていますし，継親に対する社会の見方はあまりにも非現実的といえます。多くの場合，継親は不当に悪い印象で語られます。しかし継親は，子どもの生活を大いに豊かにする，愛情，支持，理解を示す存在になりうるのです。

そうしたおとぎ話を掘り下げると，継親が直面している困難を見ることができるでしょう。実親が子どもの不作法を無視すると，継親の仕事は増え，「不当な扱い」を受け見捨てられたと怒っている子どもと関わることになります。そもそも，継親は1人の大人と恋に落ちただけで，継子と恋に落ちたわけではありません。にもかかわらず，継子はいつもつきまとい，結婚生活を「妨害」するのです。また，実親はこの問題を

第 8 章　元配偶者が問題ピラミッドの頂上にいるとき

常に上手に扱えるわけではありません。

　最低なヤツと共同養育をしている場合，継親の抱える問題はもっと複雑になるでしょう。子どもと関わらなければならないだけでなく，（そこにいない）再婚相手の元配偶者とも関わらなければならないのです。その最低なヤツは物理的にそこにいないにもかかわらず，親や子どもの日常生活に（心理学的に）深く入り込んでいます。継親は血のつながっていない子どもの子育てに奮闘しなければならないだけでなく，元配偶者に対する再婚相手のフラストレーション，怒り，失望，不満と向き合わなければなりません。多くの場合，まるで元配偶者が新しい夫婦と一緒に住んでいるかのように感じられるでしょう。さらに，元配偶者が子どもに間違った関わり方をすると，その被害を被ることになります。なぜなら，そのような場合，たいてい子どもは行動化したり，反発したり，再婚家庭の規則を守らなかったりするからです。以下の例を見ていきましょう。

　　夫の7歳の息子ジェームズが私たちの家にやってきました。私たちは5歳と3歳の子どもを授かっています。夫が仕事に行き，私が3人の子どもの面倒を見ていた，最初の数日は大丈夫でした。ある日，ジェームズは公園で棒きれを拾い，振り回しました。私が他の子どもたちに棒きれが当たることを心配してやめてと言うと，ジェームズは「いいじゃん！　みんなぶってやる。ママだって僕をぶつんだ。なんで僕はこいつらをぶっちゃだめなの？」と言いました。
　　私はショックを受けました。夫と私が子どもをぶつことは絶対にありません。そこで，ジェームズにどういうことなのかを聞いてみると，肩をすくめて「ママは僕が悪い子だからぶつんだ」と言うのです。私は「ジェームズ，ぶたれて傷ついたでしょうね」と言いました。その一言がパンドラの箱を開けたようでした。ジェームズは嗚咽し始め，いろんな思いがあふれ出してきたのです。「僕は悪い子なんだ。ママは僕が悪い子だからぶつんだ。誰も僕を守ってくれない。人をぶつのはよくないけど，ママは僕が悪い子だからぶつんだ。もういいよ」と私を遠ざけ始めました。私が「ジェームズ，そのことについて話しましょう」と言うと，「いやだ。ママは僕が悪い子のときはあっちに行きなさいって言うんだ」と答え

163

ました。
　私はこのかわいそうな子どもの苦しみに何ができるのか途方に暮れました。私は共感的に対応することを試みましたが，それはとても難しいことでした。その日は一日最悪でした。ジェームズはあふれてくる怒りをまき散らしたのです。その日が終わる頃には，私の子どもたちは疲れ，私も疲れました。率直に言うと，私は共感できなくなり，子どもたちに悪影響を及ぼし始めていました。私たちの生活にこんなにも影響を与えるこの女性はいったい何者なのでしょうか？

　こうしたシナリオは別にめずらしいものではありません。多くの場合，この例のように，継親は子どもの相談相手の立場に置かれ，同時に，継子から自分自身の子どもたちを守る立場に立つことになります。しかし，この継母は夫とこの状況に取り組む知恵とスキルを示しました。

　夫が家に帰ったとき，私はすぐに自分の悩みを伝えるのではなく，しばらく夫に休憩する時間を与えようと思いました。それが自分にできたことを嬉しく思います！　夫が家に帰ってから，子どもたちがベッドに入るまでの間に，彼も私が昼間に経験したことを追体験することになったのです。3人の子どもたちはぐずり，だだをこね，お互いに意地悪をしていました。
　私たちの子どもたちがそのようになることはめったにないので，夫は何があったのかと尋ねてきました。私は子どもたちがベッドに入ったら説明するわと言い，彼は同意しました。その後，子どもたちが眠りについてから，私が（自分に焦点を当てるのではなく）彼に何か心配なの？と聞くと，彼は子どもたちの行動について語りました。私たちの子どもたちが彼の子どもに巻き込まれたことを防衛的に語らないように気をつけながら，私はジェームズがぶたれていると語ったことについてシンプルに説明しました。
　夫も同じようにショックを受けていました――そして，元妻に対して激怒していました！　それは話し合いを始めるよいきっかけとなったのです。私が昼間の出来事について爆発していたら，そうした話し合いはできなかったでしょう。自分の感情をほんの少し抑えて語ることは価値がありました。なぜなら，夫がジェームズについての話を共感的に聴いてくれたからです。

第 8 章 元配偶者が問題ピラミッドの頂上にいるとき

　配偶者の子どもがいる場合，配偶者との会話を日課に組み込んでください。そして，相手の感情を最初に話題にしてください。可能である限り，継子の行動について共感を試みてください。それは多くの場合，実親の影響によることが多いでしょう。

> 　話し合いは長くかかりました。夫が話し合いの中で時々防衛的に反応することがあったので，私は夫の視点に立つことを難しく感じました。私は彼の気持ちに焦点を当てることを試みました。本当のところ，夫はジェームズが私たちの子どもたちに与えている影響について心配していました。私は自分の思いも夫に伝えました──明らかに夫の元妻がジェームズに影響を与えているので，彼女には自分の子育てについて考えてもらう必要があると。とても難しいことでしたが，私は私たちの子どもたちのことを横に置いて話をしました。私には夫がどうしたらよいか途方に暮れているように見えたので，いかにして彼女に働きかけるかについて具体的に提案しました。

　可能ならば，提案できる行動のプランをもたずに，単純に自分の気持ちを話題にすることは避けてください。多くの場合，あなたの配偶者は途方に暮れており，何をすべきか具体的な提案を必要としているのです。

　チームとして行動することが有益でしょう。「私たちの子ども」対「あなたの子ども」あるいは「あなたの元配偶者」という対立図式は，コミュニケーションを行き詰まらせるだけです。もし行き詰まったならば，専門家の支援を受けてください。

　継親のおもな役割は解決策を実行するチームとなることであり，問題の一部となることではありません。配偶者を防衛的にしないための支持的なテクニックについては，第 6 章「子どもが問題ピラミッドの頂上にいるとき」を読んでください。そうしたテクニックは，実子，継子，その他の誰にでも適用できます。自分の気持ちは友人やカウンセラーに聞いてもらうことができます。配偶者とうまくやっていくための最も効果的な方法は，チームワークを働かせることであり，「私 vs あなた」という見方をしないことです。

第9章

多様な離婚家族

あなたの家族はユニーク

あなたが離婚後の健全なライフスタイルに向けて努力するとき，家族に対する「こうあるべき」あるいは「こうだったらよかった」という期待を手放すことが重要で，おそらくそれが決定的なことでしょう。とりわけ，これから1人で子どもを育てていくならば，これからの道はあなたの期待通りにはなりません。それでも，あなたはその道を歩いていかなければならないのです。今いるところからどこにでも行けることに気づいたならば，あなたは新しいエキサイティングな旅に踏み出すことになるでしょう。

離婚家族は多様であり，そのユニークさを受け入れることが，「新しい」家族を築いていく助けになります。それにより，家族のメンバーは（2人だろうと10人だろうと）新しい家族を生き抜き，そこで成長していくのです。

自分は幸運に恵まれていると考えてください。あなたは自分の旅の道連れに子どもがいるのです。子育ては大変ですが，子どもが大きくなるにつれて物理的な大変さは減っていき，子どもから受け取る喜びは大きくそして深くなっていくでしょう。子どもが大きくなると，元配偶者との問題のほとんどは消え去り，自分の時間や自由が増えていきます。

> 娘は2歳のときに喘息になって，その後数年間は病院通いに明け暮れました。

> 私は喘息についてもっと知ってもらいたいと思って、医者を招いて講演会を開き
> ました。その組織は大きくなり、いつの間にか私は病院の講演会に招かれるまで
> になりました。そうした講演会の1つで、ある人が私に「どうしてこのようなこ
> とができたのですか？　あなたは病気の子どもをもちながらフルタイムの仕事を
> しているシングル・マザーなのに」と聞いてきました。そのとき私が思ったのは、
> 厄介な夫がいなかったから、ということでした。結婚していたときにはなかった
> 時間と自由が私を成長させたのです。

そして，離婚家族はそれほど違うわけではない

　子どもを1人で育てていくという現実に圧倒されてしまうことは理解できます。もしかしたら，あなたは，子どもに毎日会えないという考えに打ちのめされているのかもしれません。あるいは，あなたは，1人で子育てしなければならないという責任に圧倒されているのかもしれません。

　離婚に際して人生でさまざまな問題を抱えるのは自然なことです。しかし，あなたの抱える問題の多くは，両親のそろっている家族が抱える問題とそれほど違うわけではありません。結局，離婚していようといまいと，子どもは子どもで，親は親なのです。離婚はあらゆる問題の原因ではありません。子育てにおいて直面する日々のチャレンジの一因にすぎないのです。今抱えている問題は，いずれにせよ自分が直面する課題であると認めることによって，重荷が軽くなるのではないでしょうか。

> 朝は最悪でした。私は息子に一皿のソーセージを与えてテレビの前に座らせ，
> その間にドアを開けっ放しでシャワーを浴びました。そうすると子どもの様子を
> 頻繁にチェックできるからです。自分の服を着たあと，子どもの服を着せていま
> したが，毎回が戦いでした。息子は靴下をはきたくないと言いました。息子は，
> これは嫌だ，あれは嫌だ，と言いました。息子を幼稚園に送り出し，自分が職場
> につく頃には，疲れ切っていました。

親近感がわきますか？　実は，この文章は幸せに結婚している母親が書いたものです。彼女の夫は1時間早く起きて上の娘を学校に送っていました。この2人にとっても，子育ては大変でした。小さな子どもを育てることは，誰にとっても骨の折れる仕事なのです。

> 　私は毎朝6時半に娘を起こしています。時々娘はすぐに起きることができず，6時45分に鳴る目覚まし時計で目を覚ましています。そのときまでに起きないと，私が電車に遅れることを娘は知っています。私は娘を起こしたあと，シャワーを浴び，娘は着替えます。私が着替えている間，娘は学校に向かう車の中で食べるサンドイッチを自分でつくります。娘は8時までに学校に行かなければなりません。私は彼女を学校に送り出し，8時15分の電車に飛び乗ります。いつもこんなふうにうまくいくとは限りません。こうした日々が早く過ぎてくれたら嬉しいのですが。妻には本当に頭が下がります。妻は毎日息子の面倒を見て，幼稚園に送り届けています。それは私のやっていることよりもずっと大変です。それも早く過ぎてくれたらよいのですが。

　これは先ほどの文章を書いた女性の夫の文章です。すべての親は，子育ての身体的な大変さと時間の使い方の難しさを知っています。このことを知れば，自分の状況をよりバランスのとれた見方で理解できるようになり，感情を荒立てず，穏やかになり，最終的には幸せになれるでしょう。

お金の問題

　離婚した親がスーパーマーケットの売場で衝突しているならば，2人はきっと他のカップルと同じように，お金をめぐって争っているのでしょう。なぜでしょうか。短い答えは，そこで他に争うことはないからというものです。しかし，長い答えは，もっと複雑です。

　多くの離婚は，お金の問題が解決すれば，友好的に進みます。しかし，お金のバランスが崩れると（片方の親がより多くのお金を要求したり，

お金を支払わなかったり，子どもに予想外の必要経費がかかる場合），元配偶者はあっという間に最低なヤツになるのです。残念なことに，お金の問題は何らかの時点で必ずもち上がります。1つの家庭ではなく，2つの家庭を維持していくとなると，30％〜60％もお金の問題が起きやすくなります。それは多くの場合，片方の親がより多くのお金を負担していることに憤慨して始まります。

　あなたと元配偶者の間のあらゆる争いと同じように，お金の問題には子どもを巻き込まないことが重要です。そのためには，子どもを巻き込んでいるときに，すばやく気づかなければなりません。親が子どもを巻き込むとき，目に見えない方法と目に見える方法の両方があります。以下の例を考えてください。

> 　娘は誕生日に＄119のスニーカーをほしがっていましたが，私には金銭的な余裕がありませんでした。娘はスニーカーを見せるために私をしつこく店に連れて行きました。とうとう，ある日，私は涙がとめどなくあふれてきて，お父さんがもっとお金を払ってくれたら，あなたのためにこれが買えるのに……と泣きじゃくってしまいました。

　この母親は，おそらく意図せずして，娘を元夫とのお金の争いに巻き込んでいます。スニーカーを買えない理由は元夫にあると言うことによって，娘の「望み」を叶えることができないことについて元夫を責めているのです。この母親がその後どのように考えたかを見てみましょう。

> 　その後，私は娘の父親からもっとお金をもらうことが問題なのではないと気づきました。単純に私がお金を必要としていたのです。私は，まだ結婚していたとき，娘が小さかった頃のことを思い出しました。私はその当時も＄119のスニーカーを買う金銭的な余裕はなかったのです。

　この母親は，元夫と関係なくこの問題が起きていたことに気づき，元夫を引き合いに出すことが不当だと思いました。もしこの母親が，たと

えば「スニーカーに＄119はかなり高いと思うわ。そんなに払うのは気が向かないの。あなたはそれだけのお金を貯めるか，稼ぐ方法を考えられる？」と言っていれば，元夫を巻き込むことを避けることができていたはずです。

　お金に関する対立に子どもを巻き込む，非常に明白な，ときに悪意のある方法もあります。たとえば，子どもが何かを買ってと言ってきたときに，「パパに買ってもらいなさい」あるいは「お母さんはそういうモノも買ってくれないのか？」と答えればよいのです。

> 　トミーはクリスマスにパソコンをほしがっていました。けれども，私は財布の中身が非常に苦しかったので，それは無理かもしれないと説明したら，息子は「気にしないで。サンタさんにお願いするから。お父さんにお金はかからないよ」と言うのです。それを聞いて，本当に悲しくなりました。息子がサンタさん宛に書いた手紙には「サンタさんへ。他に何もいりません。パソコンがほしいです。そしたら僕は幸せです」と書いてありました。今年は購入できないことがわかっていたのですが，息子のために何とかしてやりたいと心の底から思いました。そのことについて考えていると，しだいに腹が立ってきました。なぜ元妻はパソコンを買ってやらないのだろうか？　彼女の両親は大金もちでした。私は大爆発してしまいました。トミーが「お父さんはどう思う？　サンタさんはパソコンをもってきてくれるかな？」と聞いてきたとき，思わず「お母さんに聞いてくれ！お母さんはたくさんお金をもっているんだ。お母さんに買ってもらえ」と言ってしまったのです。

　これは悲惨な話です。子どもは，自分は何も怒られるような悪いことをしていないのに，と思うのではないでしょうか。また，今後は自分の願いや望みを父親に表現することをためらうでしょうし，母親ならば叶えてくれるかもしれないと思う素地をつくってしまったのです。そもそも，父親は息子に物品を買ってほしいとねだられたときに，何でも買って与えなければならないかどうかを考える必要があります。

　お金については，子どもに正直に教えるべきでしょう。ときに私たち

は本当にほしい物であっても高額な場合は待たなければならないことがあると。そして，サンタさんだって，いつも子どもにほしい物をもってきてくれるわけではないと。

　多くの場合，お金の問題は，親が元配偶者のように子どもにほしい物を買ってあげられない心配や罪悪感をもっているときに浮上します。もしかすると，元夫が子どもをいつもディズニーランドに連れて行ったり，元妻がプール付きの大きな家に住んでいたり，元夫が子どもたちにiPodを買ってあげたりしているかもしれません。これを受け止めるのは難しいかもしれませんが，子どもは情緒的なサポートと物品の買い与えをちゃんと区別することができます。子どもはお金で愛情を買おうとしてもわかります。

> 　私は離婚家庭に育ちました。そして，母親が私のほしい物を買ってくれないときは，父親に電話をしていました。父親はその当時お金もちだったので，たいてい望みを叶えてくれました。けれども，私は父親が買ってくれるからといって，母親よりもいい人だと思ったことはありませんでした。私はほしい物を手に入れるための手段として父親を利用していたのです。父親はクリスマスや誕生日にも大きなプレゼントを買ってくれました。母親は，私の愛情をお金で買おうとしていると言って，いつも父親を責めていました。でも，おわかりでしょうか？　私はすべてお見通しだったのです。そう，父親は人形や自転車や自動車を買い与えてくれました。そして，母親は私の宿題を手伝ってくれるために，いつもそばにいてくれたのです。

異なる子育てスタイル

　すべての父母は，両親のそろった家族であろうと離婚家族であろうと，異なる子育てスタイルをもつために衝突します。片方の親がテレビは子どもの脳をダメにすると考えるのに対して，もう片方の親はテレビは教育になるし，楽しませてくれると考えます。片方の親が化学調味料や加

工食品を嫌うのに対して，もう片方の親はマクドナルドのディナーが大好きです。片親の親が子どものそばをけっして離れないのに対して，もう片方の親は1人の時間が子どもをたくましくすると信じています。異なるスタイルは，予定，優先事項，価値観，お金，教育，食事，健康，安全，習慣などにおける衝突の理由となります。

　異なるアプローチは両親がそろった家族ではそれほど問題にならないかもしれません。なぜなら，夫婦はお互いに愛し合っており，異なる考え方であることを認め合ったり，両者にとって受け入れることのできる解決策を話し合うことができるからです。しかしながら，離婚すると，たいてい元配偶者に対する敬意は失われており，異なる子育てスタイルに関する小さな衝突は今や火に油を注ぐ大きな問題となるのです。

> 　元妻は外が寒くても寒くなくても息子に帽子をかぶせます。息子ジョシュは私に似て，帽子が嫌いです。元妻が帽子をかぶせるという理由で息子が母親の家に行きたがらなくなってきたので，このことが大問題になりました。クラスの他の子どもは帽子をかぶっていません。息子は5歳なので，頭が寒いかどうかを自分で判断できると思います。けれども，私は元妻にこのことをうまく伝えることができませんでした。こんな小さなことが私たちにとっては大問題になってきたのです。

　あなたと同じような考え方で子育てをしないからといって元配偶者が悪いというわけではありません。強い絆で結ばれた夫婦も考え方の違いで争います。たとえば，息子はピアスの穴を開けてよいかとか，娘は超ミニスカートで登校してよいかといった問題です。そうしたスタイルの違いを意識して，第7章で述べたように，子どもに元配偶者と直接話し合うことを促してください。

異なる構造をつくる

　離婚家族は両親のそろった家族と同じ部分と違う部分があることを理解することによって，あなたの「新しい」家族に異なる構造をつくる機会が得られます。この新しい構造はあなたの家族が成長するよい土台となるでしょう。しかし，この土台を築くためには，新しいガイドラインで，適切な行動を公式化する必要があります。

17のガイドライン

🌑 ガイドライン1　それぞれの家の異なるルールを受け入れる

　男性と女性が，健全な家族を築きたいと願って結婚するとき，日常の生活スタイルは，この共通の目的に沿っています。「彼の方法」と「彼女の方法」は「2人の方法」となるのです。2人が離婚すると，「2人の方法」は「彼の方法」と「彼女の方法」に戻ります。親は，このことが子どもを混乱させるのではないかと心配しますが，どちらのほうが優れているかを選択させられない限り，子どもはママの家とパパの家の異なるルールを簡単に受け入れることができます。

> 　娘は「パパが家でソーダを飲ませてくれない」と頻繁に不満を言っていました。私は父親がそのようにしつけているのはよいことだと思ったので，彼女が不満を言うとき，私は単純に「あらそうなの。週末ずっとソーダを飲めないのはつらいわね」と伝え返すだけにしていました。しばらくすると，娘は不満を言うのをやめました。私がパパの家の異なるルールを受け入れているという事実によって，娘もそのルールを受け入れることが簡単になったのだと思います。

　子どもはどんなルールや習慣であろうと，それをずっと続けていると受け入れるようになるでしょう。健康食品だけしか食べさせてもらえな

いとか，寝る前に1時間の読書をさせられるといったことは，その家のルールです。元配偶者の家のルールのいくつかは，あなたにとっては受け入れ難いルールかもしれませんが，あなたがルールを受け入れれば，子どもは，あなたがルールに抵抗するよりも，あっという間に適応していくのです。

🌑 ガイドライン2　子どもにどちらの味方かを選択させない

　子どもは，両親双方との関係性を求めており，そして必要としています。離婚でどちらの親のほうがよいか，どちらの親のほうが正しいか間違っているかを選択させられるときに，子どもは傷つくのです。子どもは不信や憤怒の気持ちに簡単に巻き込まれます。たとえどちらの味方かを選択させられなくても，多くの子どもは愛する親がもう片方の親によって裏切られたと感じています。子どもは，あなたの言葉による許可を必要としています。たとえ，あなたが元配偶者をもう愛していなくても，子どもはもう片方の親を愛してもよいと言ってもらう必要があるのです。

　子どもにもう片方の親の存在が重要であると認めることも重要です。子どもにとって親が出て行くことは情緒的に打ちのめされる出来事といえます。もしあなたが子どもともう片方の親の関係性の情緒的な距離をより大きくしようとするならば，子どもが離婚に適応するまでに長い時間がかかるでしょう。

　もし，あなたと元配偶者の気持ちの行き違いが，怒りによって激しくなっているならば，子どもはその怒りを拾い上げ，大人になったときに自分の人間関係にその怒りを持ち込むかもしれません。自分の気持ちとは切り離して，子どもともう片方の親の面会交流そして相互交流を促してください。

第 9 章　多様な離婚家族

🌑 ガイドライン 3　自分の離婚を受け入れる

同居親が子どもと別居親の距離を意図的あるいは意図的でなくとも遠ざける理由の 1 つは，自分の離婚が正しかったという保証を求める気持ちです。子どもの前で元配偶者を悪者にすることによって，あなたは無意識的に子どもを味方につけようと試みているのかもしれません。たとえ自分のほうが悪かったとわかっていても，責められないための努力は惜しまないのです。離婚は起きました。それは「失敗」ではありません。それが人生なのです。子どもをあなたの戦争の捕虜にしてはいけません。子どもにあなたの戦いの援軍役割を背負わせてはいけません。子どもは両方の親と関係を築く権利をもっています。

🌑 ガイドライン 4　子どもに秘密にさせたり，秘密を打ち明けさせたりしない

あなたが子どもに為し得る最悪の行為の 1 つは，「もう片方の親には秘密にしてね」と求めることです。これにより子どもは苦しい立場に追いやられます。子どもが秘密を守れば，そのことを知らない親を裏切ることになります。子どもが秘密を打ち明ければ，秘密にすることを求めた親の信頼を裏切ることになります。どちらにしても苦しい立場に立たされます。

子どもがやったこと，見たこと，聞いたこと，経験したことに関する何かを秘密にさせることは，子どもに嘘をつかせることになります。それは子どもの良心を苦しめるだけでなく，あなたに対して嘘をつかせる前例をつくることにもなるのです。元配偶者に反対されると思われる何かをあなたが行うとき，子どもに秘密にすることを求めてはいけません。元配偶者が子どもからそれを聞いたら子どもを怒るだろうと思うならば，自分で元配偶者と話し合ってください。子どもを争いに巻き込んではいけません。それはフェアではありません。

> 私の両親が，休暇中に私の息子と私をディズニーワールドへ連れて行くことを提案してきました。しかし，そうすると息子は学校を数日間休まなければなりません。息子の父親は学校の問題にこだわっているので，私に怒りをぶつけてくることが予想されました。そこで，私は元夫に電話ではなくメールを送りました。私と直接やりとりする前に，元夫が冷静になれるようにしたのです。また，私は元夫が息子と会わない日にメールを送りました。できるだけ息子を巻き込まないためです。私と息子が元夫に会ったときには，元夫はある程度旅行のことを受け入れていました。そのため，息子はミッキーに会える興奮を自由に語ることができたのです。

子どもにお父さんやお母さんと何をしたかと尋ねることはかまいません。しかし，友人の家や学校であったことを尋ねるときと同じような聞き方をする必要があります。元配偶者の情報を得ることが本当の目的だったり，子どもの回答によって自分が怒ってしまうかもしれないと思うならば，尋ねてはいけません。

● ガイドライン5　子どもをメッセンジャーにしない／スパイをさせない

子どもを元配偶者への／からのメッセージの運び手にしないことは，とくに重要です。とりわけ，大きな問題や繊細な問題のときは気をつけましょう。重要なニュースを伝える必要があるときは，元配偶者に直接電話をかけるか，メールやファックスを送ったり，手紙を出したりしてください。私たちは複雑な問題や重要な問題をブログなどに書かないことをアドバイスします。そして，もしあなたが再婚を予定しているならば，元配偶者に伝える前にフェイスブックに情報を載せたりしないでください。

元配偶者が子どもをメッセージの運び手にしている場合，丁寧にそれをやめてほしいとお願いしましょう（当然，子どもを通してメッセージを伝え返してはいけません）。それでも止まらなければ，元配偶者にノーを言うように子どもを勇気づけてください。たとえば，「ねぇお母

さん，お父さんに何か言いたいことがあるならば，直接言ってね。私を巻き込まないで」などと言うように教えてあげてください。

> 私は父親が再婚することを母親に伝えなければなりませんでした！ もう30年もたちましたが，今でもメッセージの運び手にさせられたことを怒っています。

子どもを使ってメッセージを伝えることは，子どもにとって負担であるだけでなく，メッセージを混乱させたり，不正確にしたり，あらゆる種類の三角関係や操作を生み出す要因となります。

> しばらくの間，私は元配偶者と口をきかなかったので，娘に面会交流の送迎の調整役をさせていました。ある日，娘が父親と電話で話しているとき，私は娘に「午後4時に送り出すからと伝えてね」と言いました。すると，何らかのやりとりがあったあと，娘は「6時に送り届けてほしい」と言ったのです。私はそこまで時間をずらすことができませんでしたし，なぜ父親がもっと早い時間に娘を受け取れないのかを理解できませんでした。最終的に，私が父親に電話をして確認してみると，娘が4時半のテレビ番組を見たがっていたことがわかりました。そして，娘が父親に「お母さんは6時まで送り届けることができない」と言っていたのです。私が娘にメッセージの運び手になることを頼んだのは，それが最後です。

また，「スパイ」をさせないことも重要です。多くの場合，親は「秘密」の情報を伝えてもらうことを無意識のうちに喜びます。たとえば，子どもが，母親と新しい恋人の破局をあなたに偶然伝えたとしたら，どうでしょうか？ よくあるのは，「本当か？ 何が起きたんだい？」と聞くか，あるいは，もっとあからさまに「教えてくれ！ どっちがなぜ別れを切り出したのか？」と子どもに強く迫ることです。

こうした情報の伝達を喜ぶことは，子どもに間違ったメッセージを送ることになります。子どもが関係している状況についての子どもの気持ちを確認したいならばわかりますが，子どもを「秘密」の運び手にさせないように慎重でなければなりません。元配偶者や状況ではなく，子ど

もの気持ちに焦点を当てた会話をすべきでしょう。たとえば，子どもが元配偶者の新しい恋人とよい関係を築いていたことを知っていて，今はがっかりしているように見えたら，「ちょっとがっかりしたんだね」と言うことができます。

あなたの心に元配偶者の不幸を喜んだり，元配偶者の成功に打ちのめされたりする気持ちが沸いてきたら，その気持ちが収まるまでしばらくの間，部屋を離れてください。

> ある年のクリスマスに，息子と私がジンジャーブレッド・クッキーの家をつくっていると，ちょうど屋根をつけようとしたそのときに，息子がとても無邪気に「パパと奥さんに赤ちゃんが産まれるんだよ」と言ったのです。私はとてもびっくりして，手を滑らせ，家の壁を壊してしまいました。しかし，私は急いでそれを修理して，息子に「ちょっとトイレに行ってくるね」と言いました。トイレに行かなかった場合，私に何が起きたのかを息子に説明することなど，とても無理だったことを想像してもらえるでしょうか？

● ガイドライン6　否定的なメッセージを伝えない！

子どもは親と同一化することによって自己感覚を得ます。したがって，あなたが元配偶者を非難することは，結果として，子どもを非難することにもなっています。あなたが「パパはバカなのよ」と言うとき，子どもは「だから，あなたもバカなのよ」と聞いたことになるのです。

多くの人は，自分の怒りをずっと抑え込むことはできません。子どもはとても繊細にそうした怒りを感じ取ります。あなたが自分の感情を上手に隠していると考えていても，子どもがもう片方の親を守ろうとする言葉を口にすることは驚きではありません。あなたがどれだけ優れた演技者であっても，声の調子やボディランゲージ（表情を含む）があなたの感情を伝えてしまうのです。そのため，子どもの前で元配偶者に対する怒りを吐き出すことによって，火に油を注がないようにすることが重

要です。あなたが元配偶者は世界で一番最低なヤツだと思っていても，子どもは元配偶者をすばらしい親と思っているかもしれませんし，少なくともがんばっているいい人と思っているかもしれません。元配偶者に対する子どもの見方を尊重することを心がけ，あなたの愚痴のはけ口は親友にしてください。

ただし，あなたが子どもの前で元配偶者に対する非難をこらえても，元配偶者はあなたに感謝しないかもしれません。

> 元夫は日常的に「女性は最低だ，信頼できない，金目当てだ，嘘つきだ」と息子に言い聞かせていました。私は結婚していたときにそうした言葉を元夫から聞かされていましたし，先週も「おまえたち女性というものは……」と元夫に言われました。また，共通の知人も元夫からそうした言葉を聞かされていたので，息子にも言っていることはわかっていました。最終的に，息子スティーブンに確認してみたら，息子もとても困っていることを打ち明けてくれましたが，どうしたらよいかわかりませんでした。

子どもが家に帰ってきたとき，「ママにおまえはダメなヤツだと言われた」「パパにのろまと言われた」，あるいは，「だいたい女性というものは～～だ」「男性を信用したらダメよ」などと言われた，と報告することがあります。このようなとき，子どもとオープンに話し合う機会にしてください。元配偶者ではない誰かがそうした言葉を子どもに言い聞かせたという仮定で返答することを試みてください。たとえば，子どもが家に帰ってきたときに，「女性はみんな怠け者だと言う子どもが学校にいた」と子どもに報告されたと仮定してください。あなたは子どもに「それについてあなたはどう思ったの？」「それは本当だと思う？」「そういう言葉を聞いてどう感じた？」などと言うのではないでしょうか。

ここで念頭に置くべきことは，あなたの価値観を子どもに伝えることが重要なのであって，元配偶者がそうした言葉を言ったかどうかを子どもに尋ねることは適切ではないということです。指針は，すでに答えの

わかっている問いを尋ねないこと。つまり，この母親が息子スティーブンに「パパが〜〜と言ったの？」と尋ねるならば，非難する目的で情報を引き出そうとしていると子どもに思われるでしょう。スティーブンが持ち出さない限り，この会話で父親のことを話題にしないほうがよいのです。そうするために，母親は夕食の会話のときに，性差別や人種差別，そして「〜主義」についてスティーブンと話し合うことができます。たとえば，人をカテゴリーに分類する見方についてどう思うか，と尋ねるのはどうでしょうか。もしスティーブンが「父親は時々そういうことを言うんだ」と打ち明けてくれたら，母親は「そう言われて困っているんじゃない？」と言って，スティーブンの気持ちを受け止めてあげるべきでしょう。

　また，あなたが元配偶者に対して，そういう言い方や考え方をやめてほしいと，丁寧にお願いしたり，礼儀正しいメールを送ったり，誰かを通じて意向を伝えたとしても，それが止まらないかもしれないと知っておいてください。あなたにできる唯一のことは，そしてあなたがすべき唯一のことは，子どもが抱えている不快な気持ちについて子どもと話し合うことです。けっして元配偶者の間違いを正す機会にしないでください。そうではなくて，子どもが自分自身の気持ちを表現する機会にするのです。たとえば，会話例としては次のような感じです。

　　「パパが女なんてみんな同じだって言うよ」
　　「そうなの？　あなたはどう思う？」
　　「わっかんない」
　　「ちょっと困ったのかしら」
　　「うん。だって，マーサおばちゃんとママは違うし。どうしてみんな
　　　同じなのかな？」
　　「たしかにマーサおばさんと私は違うわね。あなたの言う通りよ！
　　　みんな同じではないかもしれないわね」

「そういうときのパパは嫌いなんだ」
「そのことについてパパと話す方法について考えられる？」
「うん。そうだね……パパに何か言うよ」
「ちょっと不安なのね。でも，あなたは立派な意見をもっているのよ。あなたは自分の意見をはっきり伝えることができるわ」
「たぶんできると思う」
「他に何かできることはあるかしら？」
「えーっと，iPodを聞いて，パパを無視しようかな？」
「そうしたら何が起きると思う？」
「すっごく怒って，怒鳴ると思う」
「じゃあ，たとえば『ねぇパパ，女の人について今度話し合おうね』と言ったら，何が起きるかしら？　そうしたら何事も起きない？」
「たぶん。それか，僕が話題を変えればいいのかな」
「そうね！　パパがそういうことを言うときに，あなたはもっと上手にやり過ごす方法を考えることができるわ。もし困ったら，いつでも私のところに来て，話し合いましょうね」

　元配偶者がひどいことや間違ったことを言い，子どもがあなたに「正確に」その言葉を伝えたとしても，伝達の過程で何かが失われている（あるいはつけ足されている）場合があることを知っておくことも重要です。子どもはときに微妙な声の調子，明らかな誇張，皮肉，当てこすり，ユーモアなどを見落とします。そのことを忘れず，自分自身の感情をチェックする助けにしてください。

● ガイドライン7　きちんとしつける

　あなたは，子どもの無作法な振る舞いをしつける必要があります。しかし，そのしつけの内容は，あなたの家に限定し，元配偶者には押しつけないほうがいいでしょう。たとえば，パパが迎えに来る前に部屋を片

づけなさいとアリシアに言っていたのに，彼女が片づけていなかった場合，父親に「部屋を片づけていなかったから，今晩はテレビ番組を見せないで」と頼んではいけません。それは父親あるいは父親と娘の関係性に，あなたと娘の問題を押しつけることになります。娘が家に戻ってきてから，しっかりしつけてください。

一方，たとえばティムがこっそり隠れてお酒を飲んでいたことを発見したならば，元配偶者に伝えて，どうしつけるかについて話し合うことを試みてください。とくにティムが週末に相手の家に泊まりに行く場合は。しかし，うまく話し合うためには，事態の深刻さと具体的なしつけの両方について話し合う必要があります。

● ガイドライン8　子どもに配偶者役割を背負わせない

健全な家族では，両親の間に情緒的な絆が結ばれ，それが維持されています。健全な結婚生活を営む夫婦は，子ども，祖父母，友人，その他誰であっても，板挟みにすることはありません。また，2人は自分たちの中間に挟んだ誰かと強力な連合を組むことはありません。夫婦ゲンカをすることもあるかもしれませんが，子どもたちの世話をするために，お互いに譲ることや，お互いの情緒的なニーズを第一に考えなければならないことを知っています。

不健全な結婚生活（そして離婚）では，夫婦の（あるいは子育ての）結びつきは子どもに占められています。親子の二者関係は危険な状況に変質しているのです。この結びつきが，普通は夫婦で共有するべき気持ちを子どもに打ち明け始める形に発展すると，子どもは親の「仲間」という不健全な立場に置かれます。「おまえはパパの唯一の女の子だよ」「パパがいなくなったから，あなたは家族でただ1人の男のよ」といった言葉は，不健全な親子の結びつきを示す典型的な例といえます。

子どもを仲間にして依存し，配偶者役割を背負わせることは，親だけでなく子どもに代償を支払わせることになります。親にとっては，それ

が社会生活を営むことを難しくさせます。一緒にデートをする子どもがいる場合，ママはボーイフレンドが必要でしょうか？　毎週子どもを楽しませなければならない場合，パパはデートをする余裕があるでしょうか？

　子どもにとって配偶者役割を背負うことは，親の情緒的な健康に不健全な責任をもつことであり，それがのちに問題を引き起こします。「ママを元気づけ」「パパをなだめる」ことが子どもの役割になるのです。言うまでもなく，そんなことは子どもの仕事ではありません。

　多くの理由で，離婚してから他の誰かとのつきあいを始めるまでには，長い時間がかかるかもしれません。それはあなたしだいですが，子どもと一緒にいるほうが簡単（あるいは安心）という理由で，つきあいを避けないでください。もちろん，あなたの息子はあなたと一緒に映画に見に行きたいかもしれません。しかし，いつまでも子どもと２人で出かけていないで，子どもには友人に電話をかけさせ，あなたも自分の友人に電話をかけて，４人で出かけるのはどうでしょうか。

> 　彼が私と別れた理由は，彼に言わせると「カップルとデートしているみたいに感じられるから」ということでした。たぶん彼は正しかったのかもしれません。私は息子のことを常に考え，私の行動すべては息子を中心にまわっていました。息子こそが私の唯一の親密な情緒的関係でした。息子のことが常に先だったのです。

　子どもに配偶者役割を背負わせたり，子どもとデートをしたりすることは，短期的および長期的な影響を引き起こします。短期的には，配偶者役割を背負わされた子どもは，自分自身の重要性について誇大な感覚を抱くかもしれません。まるで自分がママやパパの生存に必要であるかのように感じるのです。長期的には，親のために過剰な責任を背負っている子どもは，成長とともに憤慨するようになり，楽しい子ども時代を剥奪されたと感じるかもしれません。

そうした子どもは共依存傾向を育んでしまう場合があり，他者に対して責任を感じたり，世話役や救助役になったり，自分自身のニーズを認めることができなくなってしまうかもしれません。また，そうした子どもは，親しくなった人に対して責任を感じてしまうことを恐れるために，深い関係を築くことに問題を抱えるかもしれません。さらに，青年になっても親離れに問題を抱えているかもしれません。実際，けっして親から独立することができず，いつまでたっても親の承認を得たいという欲求をもつ人もいます。

　すべての家族は明確な親子間境界を引かなければなりません。親はお金の心配をして，子どもはサンタがどうやって煙突を降りてくるかを心配するのが仕事だと知っていなければならないのです。子どもにとって，経済的な心配やその他の大人の問題の相談相手として利用されるのは，荷が重すぎます。同じように，親がずっと子どものレベルで暮らしていると，子どもは方向性やサポートを失ってしまうのです。

　一人親は子どもに家のことについてもっと責任をもたせる必要があります。しかし，それは配偶者役割を背負わせることと同じではありません。一人親家庭の子どもは，しばしば親と友人のような関係を発展させることがあります。それは悪いことではありませんが，一人親の相談相手に他の大人がいる場合に限ります。親が生活習慣を守らせたり，決断を下したり，限界を教えたりするような，明確な境界が親子の役割の間に存在する限り，子どもは大丈夫でしょう。

● ガイドライン9　退行を助長しない

　離婚したあと，子どもの退行や行動化を無意識的に助長する親がいます。そうして元配偶者の誤った行動を責めるのです。これは意識的な場合も無意識的な場合もあり得ます。たとえば，離婚後にトミーが指しゃぶりを始めた場合，片方の親は離婚が悪かったのではないかという見方を強めるかもしれません。

第 9 章　多様な離婚家族

> 　離婚したあと，娘は悪夢を見始めました。それは私をとても悩ませました。娘と一緒に，寝ないで想像上の怪獣と戦った夜など，私はとても孤独を感じました。しかし，ある意味で，それによって私は重要な存在なのだとも感じていました。俺はここにいるぞ，離婚したこの父親をこの子は本当に必要としているぞと。内緒ですが，私は時々目の下にクマをつくって朝出勤することを楽しんでさえいたのです。目の下のクマは，私が大きな困難に立ち向かっている証でもあったのです。

　子どもが退行していることに気づいたならば，親子のために専門家の支援を受けてください。専門家の支援に加えて元配偶者の助けを得ることができるならば，それはすばらしいことです。しかし，繰り返しになりますが，元配偶者に何かを求めたり，「元配偶者がセラピーを受けてくれたら…」と言うことで時間を無駄にしないでください。そうではなくて，自分と子どものためにあなたが支援を受けるのです。

🌸 ガイドライン10　送迎のときは穏やかに

　子どもが家を移動するときは，落ち着かなくなり，扱いにくくなります。送迎は離婚の現実を思い出すつらい合図となるのです。ママあるいはパパはもうここには住んでいない……。子どもにとって送迎を簡単にするために，できるだけ多くのルーティンをつくりましょう。子どもには何時にもう片方の親が迎えに来るか，親が到着したら何が起こるかを正確に伝えるべきです。

> 　ママが迎えに来たら，ママはドアベルを鳴らすから，おまえが出るんだよ。荷物はここにまとめて置いておくから，あとは帰るだけだよ。何も探さなくていいからね。そしたら，お別れのキスをして，ドアのところに立って手を振るからね。

　同じように，子どもが新しい環境に入ったら，適応するための時間が必要です。多忙な職場から家に帰ったり，職場に着いて仕事を始めたりするときにあなたもそうではありませんか？

> 子どもが週末を父親と過ごしたあとの日曜日の夜は,いつもひどいことになっていました。泣いたり,かんしゃくを起こしたり,とにかく何でもありでした。そのため,私は娘が帰宅したら,できるだけすぐに娘と一緒に面会交流のことを忘れるような何かを始めるのがよいだろうと思っていました。行うことはボードゲーム遊びやカップケーキづくりなど,忙しい何かです。しかし,娘が本当に必要としていたのは,私の家の雰囲気,規則,ルーティンに適応するための単なる休息時間だったのです。今では,娘は風呂に入ったり,本を読んだり,テレビを見たりして,しばらくのんびりしています。そうしたら,かんしゃくはすっかりなくなったのです。

送迎時間を穏やかにすることは,送迎のときに元配偶者に対して養育費が遅れていることや,元配偶者の新しい恋人について文句を言わないことなども意味しています。もし,元配偶者が何かを持ち出してきたら,第2章で述べた方法を使って,それについて話し合う時間をスケジュール調整してください。送迎の際の中心は子どもであり,あなたと元配偶者ではないのです。

送迎の直後は,子どもが強い感情に動かされていることに気づくはずです。子どもがそうした感情をもつことを受け止め,送迎を簡単にする方法を話し合ってください。

> 息子は,日曜日の夜になるとパパがいないことで号泣するので,日曜日の夜も息子をパパの家に預けることにしました。パパは月曜日の朝に息子を通学させ,私は月曜日の夕方に学校に迎えに行きます。これはうまくいきました。息子とパパはより長い時間を過ごせるようになり,私は日曜日の夜に扱いにくい子どもに苦労しなくてすむようになったからです。そのうえ,私は自分のために使える「大人の夜」を得て,おまけに元配偶者に会わなくてすむようになったのです!

● ガイドライン11 子どものための家をつくる

2つの家があって,あるモノはあっちの家,別のモノはこっちの家に

第9章　多様な離婚家族

あると想像してください。場合によっては，長い距離を移動して，必要なモノを取りに行かなければなりません。子どもにとって2つの家の行き来は簡単ではありません。ですから，子どもに自分は訪問者であると感じさせないような，子どものための空間を用意してあげることが非常に重要です。たとえ，片方の親が小さなアパートに住んでいても，子どものための棚や引き出しを用意することは重要なのです。そこを好きなように使ってよいから自分のモノをしまっておくようにと伝えてください。子どものベッドには子どもの趣味を反映したシーツを買ってください。子どもと一緒にその空間を飾ることもできます。雑誌の切り抜きや写真などを壁に貼りつけるのもいいでしょう。重要なのは，子どもが「自分の空間」であると感じることです。これはあなたが再婚して，他に子どもを授かった場合はより重要になります。

> 娘は，父親の家でベッドルームではなく，廊下で寝なければならないことについて不満を言い始めました。父親にそのことについて尋ねると，赤ん坊がベビーベッドを使わなくなったので，ベッドルームで寝かせていることを認めました。娘は月に2晩しか泊まらないので，父親は簡易ベッドを買っていました。それを娘と話し合ったかと尋ねると，当然話し合っていませんでした。娘に簡易ベッドのことについて聞いてみると，廊下でなければそれは気にしないと言いました。私たちは娘と父親が彼女の「部屋」に簡易ベッドをどうにか設置する方法について話し合いました。また，私たちは娘が父親と話し合う方法についても話し合いました。私たちは「私ステートメント」や「ポジティブな主張」を練習しました。「パパ，私は廊下で寝ていると淋しいの。家族じゃないように感じるから。廊下を私の部屋にしてほしいわ」などです。すばらしい小さな娘は，父親と話し合いました。私は，この問題が解決されないならば，宿泊をやめさせたいと思っていたぐらいでしたが，ぐっと我慢して，娘が自分で話し合うことに任せました。結果的に，父親は廊下にドアを付け，娘の好きな色（もちろんピンクです！）に塗ってあげたのです。

● ガイドライン12　協力のために「家族会議」を開く

　成功する子育ての秘訣は，家族全員が集まる定期ミーティングを開くことです。この「会議」は，みんなが対等に意見や感情を表現したり，満足に解決されていない問題を持ち出す機会となります。

　この会議は，何と言っても，重要な問題を話し合うために設定されます。この会議は，毎週，理想的には，同じ場所で，開くとよいでしょう。さらに，毎回の記録を残したり，議題をあらかじめ用意しておくと，参加者も参加しやすくなるでしょう。司会（あなたや子どもが順番でやることができます）が会議をリードしてください。会議の司会役をやることは，子どもにとって将来役に立つ重要な学びの経験になります。

　毎回の会議で議題を用意すると，すべての問題を話し合うことが保証されます。1週間の間に，問題がもち上がったら，その都度記録しておき，次の会議で話し合います。こうすると，あなたと子どもがすぐに話し合う段階に入る前に，特定の問題について考える時間ができます。寝る時間，家事，携帯電話，お小遣い，テレビの時間，コンピューターやインターネットの時間などは，すべて適切な議題となります。この会議は，子どもが離婚についてどう思っているかを聞いたり，子どもにとって送迎が負担でなくなる方法を考える時間にもなります。

　会議で何らかの判断を試みるとき，多数決によって決めないことが重要です。あなたは投票で負けるかもしれませんし，結果が好ましいものではなくなるかもしれません。できれば合意を得るという方法によって判断を下してください。合意にいたるためには，ブレーンストーミングが必要であり，あらゆる解決の可能性を模索し，みんなが合意できるまで話し合いを続けなければなりません。両親はときに合意は困難なプロセスだと見がちです。なぜなら，とりわけ問題が情緒的で，まったく対立する2つの見方がぶつかっている場合は，時間がかかるからです。しかし，それは価値があります。合意形成は将来のあなたの時間を節約するでしょう。特定の解決策で合意が得られると，それでやっていくこと

第9章　多様な離婚家族

になるので，その後の衝突が減るからです。

　ある女性が私たちの行ったワークショップで，自分と息子しかいないのに，どうやって会議をやったらよいかわからないと言いました。たとえ，たった1人の子どもを育てている一人親であっても，家族であることを忘れないことが重要です。家族会議を開くことは，子どもにこの重要なメッセージを伝えることになります。会議はたくさんの利点があります。少なくとも，さまざまな問題に対して個別にではなく，協力して取り組んでいるという感覚を築くことになります。

🌑 ガイドライン13　新しい儀式を発展させる

　多くの離婚した親にとって，祝日は問題の種となります。とりわけ最初の年は，間違いなくある種の不自由さを感じることになるでしょう。多くの場合，宗教的な祝日が最も難しい日となります。一方，母の日や父の日は比較的シンプルです。隔週で子どもと会っている場合に，「あなたの」祝日を別の週末にずらすことが問題になる程度です。

　その当日に祝うことにこだわらなければよいかもしれません。感謝祭の直後に七面鳥を買えば，値段も半額で，日曜日の祝宴のために1週間かけて特別な感謝祭の食事を用意することができます。誕生日を他の日や他の週末に祝うこともできます。母の日を1週間続けるのはどうでしょうか。もしあなたが祝日の当日にこだわらなければ，新しい祝宴を自由につくり出せるのです。子どもが喜ぶように，祝宴を準備してください。

> 　元配偶者が息子とクリスマス当日に会いたいと言ってきたとき，私はすごく腹が立ちました。なぜなら，それはいつもサンタが家にやってくる日だったからです。しかし，よく考えてみると，私はクリスマス当日のことは別にどうでもいいと思っていることに気づきました。私はクリスマス・イブやクリスマスの早朝のほうが好きだったのです。私にとってクリスマス当日やその夜はそれほど重要で

> はなかったのです。私は，クリスマス当日は家族やプレゼントや食事から離れて，1人で静かにしたいと思いました。そこで元配偶者に，「わかった。息子がサンタのプレゼントを開封したあと，朝10時に息子を迎えに来てほしい」と伝えました。私はその日，しばらくゆっくりして，それから映画を見に行きました。するとすばらしい一日を過ごすことができました。息子もすばらしい一日を過ごしたのです！

 子どもは家族やグループに所属している必要があります。子どもはつながりの感覚をもつことを好むのです。今までやっていたことができなくなったと捉えるのではなく，古い方法を置き換える新しい儀式を生み出す機会と捉えてください。

● ガイドライン14　試行期間を設定する

 新しい面会交流スケジュールや祝日スケジュールを設定することに抵抗があるならば，まず試してみてください。いったん変更したらずっと継続しなければならないわけではありません。ただし，手綱は緩めるよりも締めるほうが難しいことは自覚しておく必要があります。

 試行期間を設定するときは「これから3週間試してみて，それから考えよう」と言ってください。カレンダーに書き込み，たとえすべてが3週間うまくいっていても，予定通りに元配偶者に電話をかけてください。（面会交流や養育費について大きな交渉の最中の場合は，問題を引き起こさないために，最初に弁護士に相談してください）。

● ガイドライン15　予防は事後的対処に勝ることを忘れない

 あなたと元配偶者が激しく対立している場合は，言い争い，衝突，問題をできるだけ予防してください。元配偶者の家から子どもを連れ帰るのではなく，誰か他の人の家にいったん子どもを預けることを合意するように試みてください。そこは中間地帯なので，子どもは面会交流が終わったときに連れ戻される経験をしなくてすみます。他には，中立的な

受け渡し場所，たとえば学校，図書館，レストランなどで受け渡すとよいでしょう。

あなたと元配偶者が，学校やスポーツ・イベントなどで顔を会わせたくないときは，反対側に座るように調整してください。ある母親と父親は，学校のイベント，演劇の発表会，リトルリーグの試合を見るときに，母親が左側そして父親が右側に座ることで合意しました。ちょうどウェディングのゲストのようです。別の両親は観賞する時間を分割しました（片方がリハーサルに参加し，もう片方が本番に観賞するなど）。あるいは，交互にイベントを観賞することにしました。

調整できるならば，衣服，おもちゃ，その他の持ち物を共有しないようにしてください。子どもに，あなたの家専用のパジャマや歯ブラシなどを与えてください（必要ならば，もう片方の親の家に常設する持ち物をもたせてください）。そうすれば，毎回もたせる持ち物が減り，争いも減るでしょう。

🐾 ガイドライン16　よく計画する

しばらくすると，あなたは再びデートを始めることになるでしょう。デートの相手を子どもに紹介することについて，あなたは不安になります。子どもは彼女を好きになるだろうか？　彼は子どもを好きになってくれるかしら？　お互いにうまくやれなかったらどうなる？　新しいパートナーあるいは「友人」を子どもにいつどのように紹介するかについてルールはありません。よく計画してください。基本的事項についてよく考えてください。子どもの気質をふまえると，子どもは新しい人と自宅の庭で会うのと，レストランのような中立的な場所で会うのと，どちらがよいでしょうか。子どもは活動的ですか？　もしそうならば，最初の顔合わせのときに，動物園のような活動的な場所を予定するとよいかもしれません。子どもはボードゲームやコンピューター・ゲームが好きですか？　新しいパートナーに子どもの好きなものについて情報を与

えておいてください。そうすれば，共通の話題から始めることができます。思春期の子どもよりも小さな子どものほうが，新しいパートナーを受け入れやすいことを念頭に置いてください。成人した子どもであっても，ママやパパの新しいパートナーとうまくいかない場合があります。子どもの年齢に関係なく，最初によく計画してください。

再婚について書かれた多くの良書があります。離婚や再婚については，たくさんの映画もあります。子どもと一緒に見て話し合いのきっかけにしてください。そして言うまでもなく，本書で紹介したコミュニケーション・テクニックも助けになるでしょう。

● ガイドライン17　こちらから連絡しない

子どもが面会交流をしている最中は，電話やメールをしないでください。それは面会交流の妨害になります。単にあなたが2人の「空間」に入っていくだけで，たとえ悪意のない，楽しいかどうかを聞くようなメッセージであっても，面会交流の雰囲気を一変させます。子どもに「必要があれば電話するように」と伝えてください。子どもには，もしこちらが電話に出なかったら，留守電にメッセージを残すのではなく，またあとで電話をかけるように促してください。

> 娘が父親と一緒に過ごしていたので，私は映画に行きました。映画が終わって携帯電話の電源を入れると，7時52分に娘から留守電が入っていました。私がいなくて淋しいと泣いているのです。すでに10時30分でしたが電話をかけて，娘を起こそうかと思いました。しかし，私は気づいたのです。もし事態が悪化していたら，娘が電話をかけ直してきたか，あるいは父親が電話をしてきたでしょう。そこで朝になるまで電話をかけるのを待ちました。とてもつらかったですが，それが正しいとわかっていました。電話をかけても，娘が再び淋しいと思い始めるに違いないのです。

第9章　多様な離婚家族

子どものニーズと権利

　離婚紛争が泥沼化すると，養育権について争い続け，子どものニーズを忘れてしまいがちです。子どもはその存在を丸ごと愛されることが必要です。何をしたか，どのように振る舞っているかを愛情の条件にしてはいけません。子どもは両親双方との関係を必要としています。親子関係を保つために，子どもは両親の言い争いから守られなければなりません。その親子関係には，子どもが両方の（あなたと元配偶者の）家族の一部であると感じる必要も含まれます。それは，あなたが親権者であろうとなかろうと，子どもが愛され歓迎されていると感じる環境をつくることを意味します。

　子どもは権利をもっています。子どもはポジティブそしてネガティブなあらゆる感情や思考を経験する権利をもっています。そして，たとえあなたが同意できない内容であっても，子どもはそうした感情や思考をあなたに表現する権利をもっています。子どもはあなたに質問を尋ね，あなたから正直な回答を受け取る権利をもっています。子どもはすべての状況において大切に扱われる権利をもっています。それは，たとえ子どもに対して怒っていても，あなたは大人と話すときと同じように，敬意をもって子どもに話しかけなければならないことを意味します。そして，子どもはあなたの責任を背負わないで子ども時代を過ごす権利と必要性があります。ウォルト・ディズニーは「子どもにとっては，毎日が開封されることを待っているすばらしい贈り物なのだ」という言葉を残しています。親も人間であり，間違いを犯します。しかし，その贈り物を握りつぶすような間違いは犯さないでください。

第10章

明るい将来

離婚後の癒し

■**自分を大切にする**

　一言でいうと，離婚は最悪です。あなたがこの事実を受け入れたら，心の傷が癒され，最終的に前に進んでいくことができます。あなたは，離婚による傷つきや怒り，絶望をけっして克服できそうにない離婚経験者と間違いなく出会うでしょう。離婚後幸せに生きている人とそうでない人の違いは，心を癒す時間をとったか，自分の生活を見直したか，自分がしてきたことから学んだか，そして賢明な選択をしたかどうかにあり，それができれば，明るい将来に進めます。

　心の癒しには時間がかかります。それには，自分自身を大切にする必要がありますが，とりわけ離婚というトラウマのあと，これは容易なことではありません。経済的な不安，子どもと過ごす時間の減少，膨大な予定に費やす時間のために，自分を大切にする時間がないと感じたり，あるいは立ち直るために時間を費やすことに後ろめたさを感じたりするかもしれません。

> もっと自分を大切にしたほうがいいことはわかっています。しかし，時々私は食事すら忘れています。私にはいつも災難が降りかかっているように感じます。仕事と子育てで忙しく，頭を休め，自分のために時間を取ることができません。もしそれができたら，もっと気持ちが楽になり，物事がはかどると思います。

第10章　明るい将来

　このようなときこそ、これまでにないほど自分のための時間が必要です。約200万のアメリカ人が毎日聞いている、自分と子どもの生活を守るための言葉を考えてみましょう。アメリカの旅客機は、離陸時にいつも、パイロットが「客室の気圧に異常が生じると、皆さんの目の前に酸素マスクがおりてきます。お子さんにマスクをする前に、先にご自分がマスクをして、ひもを締めてください」とアナウンスします。

　このアナウンスについて少し考えてください。これは、的を射たやり方です。緊急時、私たちは自分のことを優先させたほうが、結果として、他人を助けることができます。これは、離婚のときだけでなく、生涯にわたってあてはまります。つまり、親であるために、十分な食事と睡眠をとり、自分が元気になれることは何でもする、ということです。ベビーシッターを週1回頼んだり、気の置けない友人と電話したり、カフェで話したり、あるいは、1人でドライブすることかもしれません。何があなたに喜びをもたらすかを吟味し、それが見つかったら、毎日あるいは一週間の予定に組み入れましょう。

■バランスをとる

　離婚を受け入れ、心の傷を癒し、離婚から立ち直り始めたら、自分が幸せになれる具体的な活動を決めましょう。ここで大切なことはバランスです。バランスある食事が健康維持に大切なように、バランスのとれたライフスタイルは、生活に秩序と調和、新しい目標と心身の安定をもたらします。

　「最低なヤツから解放された」新しい生活では、遊びと仕事、人にしてあげることとしてもらうこと、友人や家族と過ごす時間と自分一人の時間、それらが均等なバランスのとれた生活を心がけてください。無関心とやりすぎに気をつけましょう。たとえば、ネットサーフィンで気分転換できるなら、インターネットが気分転換の手段になる場合と、ネット依存になる場合の違いを忘れないでください。コンピューターに向か

う時間と,人と過ごす時間のバランスを心がけましょう。

　気持ちがどっと落ち込むときは,しばらく立ち止まり,あたりを見回しましょう。それから,よい方向に向かってください。友人,家族,あるいはカウンセラーに電話をかけてください。援助を求めることを後ろめたいと思う必要はありません。人は人を援助することが大好きです。手を差し伸べてもらうことや,話を聴いてもらうことは,恥ではありません。

■**嘆き悲しむことを許す**

　悲嘆は,離婚に対する正常な反応です。離婚を望んだのがあなたであれ元配偶者であれ,あなたは,キューブラー・ロスにより最初に提唱された悲嘆の過程をたどります。この過程には,次の段階が含まれます。否認(「このようなことが私に起きるはずがない」),怒り(「あいつは何様なの？　ふざけないで！」),取り引き(「私が〜〜に同意すれば,相手は戻ってくる」),うつ状態(「どうしてこんなことになってしまったの。どうしていいかわからない」),受容(「前に進むときが来た。私の人生の一章が終わっただけ」)。

　悲嘆の段階は,一直線ではなく,行きつ戻りつしながら進みます。ある日は,何もする気になれなくて,テレビのチャンネルをリモコンで変えるのも億劫に感じるかもしれません。次の日は,元配偶者の靴下を見つけて,激怒して台所のシンクでそれを燃やすかもしれません。その次の日は,家を掃除し,相手の物を処分し,「なんだ,たいしたことないじゃない」と思うかもしれません。それから,また前段階に戻ったり,未知の段階に進んだりしていくのです。

　悲嘆の段階をエレベーターに例える人がいます。1階で止まり,5階に上がり,2階に戻り,4階に上がるというように。悲嘆は予測がつかないので,フラストレーションのたまるプロセスになります。良心の呵責に苛まれたり(「私は悪いことをしてしまった」),恥の意識(「あいつ

第10章　明るい将来

がとんでもない人間だってことに何でもっと早く気がつかなかったのか」）を伴ったりします。

これらの感情は（離婚の受容を除いて）容易ではなく，また私たちが好んでそうした感情をもったわけではありません。こうした感情を抑圧したり，否認したりしないで，表出することが前進していくためには重要です。こんなふうに考えてみてください。赤ん坊が歩く練習をしているとき，転んだり，膝をすりむいたり，頭をぶつけた場所は，しだいによけるようになるでしょう。そうした経験は学習と成長の一側面で，それによって発達段階を進んでいくのです。

離婚のせいで，「転んだり，ぶつけたり」したら，深呼吸しましょう。悲嘆はいつまでも続きません。泣いていいのです。石鹸が身体を洗うように，涙は心を清めるといいます。呼吸ができなければ，それは緊急事態です。

あなたが悲嘆と喪失を認めることは，過去の感情の克服に役立つだけではありません。それは，過去の感情が新しい人間関係や継続する元配偶者との関係で再度浮上して，関係を阻害したり，問題を長期化させることを防ぎます。

> 私が時々デートしていたシングル・マザーには驚かされました。私は，シーズン前の週末に田舎の別荘を借りました。私が自由に使うことができる別荘でした。その週末は，私の息子も彼女の子どももいなかったので，彼女に電話をして，週末を一緒に過ごそうと誘いました。彼女はいいわよと言いました。ところが，金曜の朝になって彼女から電話があり，たった今，元夫の弁護士から手紙が来て動揺している，週末は手紙の返事の下書きをしたいからキャンセルしたい，と言ってきたのです。彼女は，元夫への手紙を書くために別荘での週末を取りやめたのです。私が彼女を誘ったのはこれが最後でした。あれから3年たちましたが，彼女がまだ離婚していなかったことを最近聞きました。

■いつもとは違うことに挑戦する

　ときにあなたは悲嘆の過程のある段階で動けなくなっていると感じるかもしれません。そう感じたときは，すぐに見返りが得られる活動をリストアップしましょう。ちょっとした仕事，たとえば銀製品を磨くとか，洗濯をするとか，達成感が得られることをあげてみましょう。あなたが家中を掃除する元気がなければ，皿を洗うとか，ごみを捨てるとかで十分です。5マイル走るエネルギーはなくても，少し散歩するだけで，頭のもやもやはなくなります。ゴルフをする時間がなければ，ゴルフの練習場で打ちっ放しはどうでしょうか？　あるいは，気になった雑誌を買って，静かなベンチやコーヒーショップでそれを読むのはどうでしょう？　そして，リストアップした中から，やったことを消し，1つ前向きなことができた自分をほめましょう。

> 　私は離婚したあと，自分のアパートに引っ越し，最初はものすごく落ち込みました。1ベッドルーム（1LDK）のアパートしか借りることができませんでしたが，ベンが週末来るときのためにベッドがほしかったので，結局シングルベッドを2つ買いました。シングルで寝るのは学生時代以来でした。とにかく，寝室に行くといつも落ち込んでいました。そのうえ，いたる所に洋服が散らかっていました。これがずっと続くのかと思うと本当に嫌でした。そしたら私の友人が，キングサイズのベッドカバーを買ってきてくれて，ベンが来ないときは，2つのベッドをくっつけるといいと提案してくれたのです。彼女は，私と一緒に，きれいな色のシーツ，カーテン，毛布を買いに行ってくれました。それで，私は毎日ベッドメイキングをし，毎週，違う色のシーツに交換することになったのです。これは驚くほど効果がありました。一人ぼっちが寂しいと感じるときは，部屋の雰囲気を変えるためにシーツを交換しています。すごく助かっています。

■許す

　あなたの元配偶者は，婚姻中や離婚後に，あなたに許しがたいことをしたり，言ったりしたかもしれません。あなたは過去を変えることはで

きませんが，過去への見方を変えることはできます。許すとは，元配偶者がしたことやしなかったことを認めることではありません。許すとは，あなたがもうその出来事にこだわらなくなり，あるいは，元配偶者と話したり，元配偶者を見たりしても，その出来事を思い出さなくなることです。過去を思い出すために使うエネルギーを考えてください。あなたが許せば，そのエネルギーをもっと前向きなことに使えます。

　元配偶者を許すことは，相手と距離を置くことと同じではありません。それは過去を断つことを意味します。それは，あなたを自由にする行為です。あなたが元配偶者を許したとき，あなたは過去に引きずられるのではなく，過去に別れを告げます。怒りを手放すことは，あなたの気持ちをやわらげ，元配偶者との情緒的なつながりを緩めます。結果として，あなたは元配偶者とより協力的な関係をもてるようになるでしょう。

　最初のうちは，元配偶者との現在の関係が永遠に続くように感じ，相手を絶対に許すことができないかもしれません。しかし，私たちが繰り返し述べてきたことを思い出してください。「いつも」「絶対に」という言葉は，不正確かつ断定的です。「永遠」という言葉もそうです。

■変化を受け入れる

　人生は，常に変化します。今はつらいことばかりかもしれませんが，それが永遠に続くことはありません。元配偶者との最近の口論は，とても深刻で，あなたは身動きがとれないと感じているかもしれませんが，少しずつ状況はよくなります。加えて，子どもは成長するに従い，物事について自分の意見をもつようになります。とくに，子どもを励まして，あなたやもう片方の親に自分の意見を述べるように育てれば，子どもは自分で物事を決めていくでしょう。それは変化をもたらします。

> 　私たちは娘が生まれてすぐに別居しました。元配偶者と私は，子育ての細かいことまで話し合い，口論し，取り決めをしてきました。いつ食事にするか，どの

> 公園に娘を連れて行くか，どの学校に行かせるか，などです。でも，娘が大きく
> なるにつれ，話し合いは必要ではなくなりました。言ってみれば，蒔いた種が見
> 事に咲いたからです。娘は，私たちのどちらかと問題があったときは，自分の意
> 見をちゃんと言えるように育ったのです。そして，今や彼女はもうすぐ大学を卒
> 業するすばらしい女性になりました。私は，あいかわらず元配偶者をあまり好き
> ではありませんが，以前と比べると，やりとりは最小限ですんでいます。

　元配偶者を許し，最終的に相手とうまくやっていくには，あるいは，少なくとも中立的（好きでも嫌いでもない）になるには，相当な時間がかかります。しかし，あなたが離婚後の新しい生活で月日を重ねるに従って，子どもは成長し，あなたの子育てスキルも上達し，あなたの生活はうまく展開していくでしょう。子どものもう片方の親とは，これから20年，30年，40年とつきあっていくことになるのですから，協力的な関係を築くことはあきらめないでください。そして，覚えていてほしいのは，あなたが元配偶者を嫌ったり怒ったりする時間とエネルギーは，あなた方の関係に前向きな変化を引き起こさず，あなたのエネルギーを消耗するだけということです。

■前向きになる

　東西の伝統的宗教はともに，自分に起きたことに対して，不完全でも責任をまっとうするように説いています。この考え方は，1930～40年代にデール・カーネギー（Dale Carnegie）によって一般に広まり，現代のカリスマ的な自己啓発の著述家であるトニー・ロビンス（Tony Robbins）やスティーブン・コヴィー（Stephen Covey）などの講演に受け継がれ，私たちの生活に根づき，変化を生み出し続けています。

　不完全であっても責任をもつとは，人生に対する向き合い方によって，自分の人生が変わるということを意味します。この考え方を極端に受け止め，自分に起きたことに全面的に責任をもたなければならないと勘違いする人（たとえば，ガンを患ったとき，何らかの方法でガンを「引き

寄せてしまったに違いない」と考える人）もいますが，これでは前に進めません。私たちは，自分の人生をどう見るかを選択できます。「コップの半分がまだ空だ」と見る代わりに，「コップの半分がもう満たされている」と見ることができるのです。視点を変化させればいいだけです。

　私たちが，人生というコップの半分がまだ空だと見ると，人生は否定的になり，否定的に話したり，否定的に行動したりするようになります。これは私たちの生活全般に影響を与えます。私たちと一緒に過ごしたいと思う人は少なくなるでしょうし，私たちは否定的な人生選択をしやすくなり，何をしても自分はうまくいかないと信じてしまうでしょう。要するに，人生を否定的に考えると，ますます人生はうまくいかなくなるのです。一方，否定的思考から肯定的思考に変化させると，少なくとも自分の人生に起きたことに対処できる力があると信じることによって，よりよい人生選択ができるようになります。私たちが明るく，社交的で，前向きな態度になるので，周囲の人も私たちと一緒にいて楽しくなります。

　困難な状況を前向きに見るのは，簡単ではありません。「絶対にうまくいかない」という否定的な思考を「やってみよう」という肯定的な思考に変化させる練習が必要です。「時間の無駄」を「プラスの面を考えてみよう」に，「どうしていいかわからない」を「こんなにたくさんの選択肢がある」に変化させると，チャンスが到来します。練習を重ねると，すぐにあなたは「元夫には頭に来ることが多かったし，今でもあいかわらず最低なヤツよ。でも私は，時間を無駄にして元夫にエネルギーを費やすより，他にもっとやりたいことを見つけたわ」と思えるようになります。筋トレで鍛えるのと同じように，毎日あなたが地道に練習をすれば，小さな肯定的思考が，前向きなライフスタイルをもたらすでしょう。

> 　離婚のよい面は，隔週で週末が自由になることだと私はいつも言っています。

> 子どもたちが週末に父親と過ごすとき、私はやりたいことを何でもできます。私にとっては、幸せに暮らすことが、何よりの報復なのです。

■お互いを励ます

　前向きに考えることと同じように、立ち直りの過程で、重要かつ有益なのは励ますことです。励ますためには、勇気と自信が必要です。この時期は、あなたと子どもの両方が、強さを必要としています。毎日している前向きなことに気づき、子どもや自分を励ますようにしてください。自分にこんなふうに言ってみましょう。「私は今日、〜〜ができたわ。すごいじゃない」「私は〜〜をやり遂げることができたぞ」。

　あなたは、この大変な時期を生き抜くために、自分を励ますちょっとした言葉を必要としています。あなた自身が自分の最高の友人になり、できたことを認めてあげましょう。

　同じように、子どもに「あなたが今週〜〜をしたことに気づいているわよ」「おまえが〜〜を上手にできたのを見たよ」「あなたは〜〜ができてすごいじゃない」と言って、励ましてあげましょう。励ましの言葉は、2人の関係に親近感をもたらします。子どもがあなたからの励ましの言葉を使いこなして、子どもなりの励ましの言葉であなたを励ますことに驚かされるでしょう。

■過去を振り返らない

　離婚後の煩雑な生活をやりくりしていると、ときにあなたはもう無理と感じるかもしれません。そのような日は、元配偶者があなたを怒らせ、それで力が尽きたときかもしれません。あなたは、物事は絶対に変わらないと復讐心に燃え、マイナス思考になっているかもしれません。あるいは、あなたは、後悔の念に苛まれ、時計の針を戻したいと思っているかもしれません。あなたは、異なるやり方で何かができていたら、結婚が終わらなかったと思っているかもしれません。

第10章 明るい将来

　時々，よりを戻す人がいるのは確かですが，元配偶者は，婚姻中，あなたのニーズに応えられなかったし，今後もできる見込みはほとんどないことを忘れないでください。腐ったミルクを冷蔵庫に入れて，取り出しても，ミルクは腐ったままなのです。

　同じように，元配偶者とやり直したいと必ずしも思っていないのに，離婚したのだから相手は変わったはずという空想にとらわれる人がいます。しかし，これでは前に進むことができません。

> 　元夫が再婚し，子どもを授かり，お金まわりが悪くなるまでは，すべて順調でした。元夫は養育費のことで本当にふざけたことを言い出し，結局裁判で争うことになったのです。元夫は，私の恋人が私たちの生活費を負担しているから，養育費を減額すると主張してきました。この話を持ち出されるたびに，私は激怒しました。金額が決まるまで，10年ももめたのです。私はそれ以上，要求しませんでした。
> 　裁判でいつになくひどい目にあったとき，恋人が，私の子どもと私をすごく見たかった映画に連れて行ってくれたのに，私は映画に集中できませんでした。私は裁判でのことが頭から離れなかったのです。なぜ私はあんなことを言ったのだろう，言わなければよかった，元夫はどうして嘘をついたり，馬鹿げたことを言うのだろう，と。そのとき，私がいくら頭の中であれこれ考えても，元夫はやりたいようにやる，ということに気づいたのです。私が考えれば考えるほど，彼の思うツボにはまるのです。私は，くよくよ気にするか，それとも彼のことは忘れて映画を楽しむか，選択ができることに気づきました。成り行きに任せようと決心したら，すっかり納得し，リラックスして，映画を楽しむことができました。

　自分の期待に折り合いをつけることが大切です。元配偶者が変わる場合もあり，やり直す人もいますが，こういうことはまず起こらないと考えたほうがいいでしょう。否定的に考えることはやめて，現実を見ましょう。あなたの目指すべきゴールは幸せになることです。元配偶者が最低なヤツであろうと責任感のある人であろうと，よい日もあり，子どもと楽しく過ごせば，最終的には幸せになれます。あなたの幸せは，あ

なたしだいです。

■ユーモアのセンスをもつ

アブラハム・リンカーンは,「人は心がければ,幸せになれる」と言いました。幸せと同じように,ユーモアのセンスは,あなたが心がけると習得することができます。あなたが苦しい状況にいても,ユーモアはあります。あなたの生活にユーモアがあれば,気持ちが楽になり,晴れ晴れとするでしょう。

スティーブン・M・スルタノフ博士（Steven M. Sultanoff, Ph.D.）は,ユーモア心理療法協会の元会長ですが,生活にユーモアを失わないための5か条を提案しており,「笑いながら健康に長生きする方法」を唱えています。彼のサイトは,www.humormatters.com です。

1. 毎日,ユーモアを心がけよう：ジョーク,漫画,コミックを読み,お笑いを見て,ホームコメディを楽しもう。
2. 周囲にあるユーモアを見てみよう：ユーモアで世の中を見てみよう。たとえば,サンディエゴ空港北口への道路標識には,「遊覧船は空港の出口を利用してください」と書いてある。
3. おもちゃの小道具を持ち歩こう：たとえば,私はどこに行くにもピエロの鼻を持参し,時計を反対まわりにしている。ピエロの鼻をつけて,人に時間を尋ねると,みんな笑う。
4. ジョークを購読しよう：インターネットには,いっぱいある。
5. 大好きな友人と（可能なら対面で）今日の愉快だった出来事を共有する：そうすれば人とつながることができる！

第10章　明るい将来

前に進む

■新しい友人をつくる

　離婚すると，友人はあたかも家財のように，夫のもの，妻のものに分けられます。これはやりきれないことですし，喪失感も加わります。だからこそ，新しい友人をつくり，新しい人間関係を築くことが，とても大切です。

　はじめは，子どものいる離婚した人に最も親しみを感じるでしょう。これはごく自然なことです。離婚経験者は，あなたの離婚の立ち直りを支えてくれるからです。このうちの何人かは，生涯にわたる友人になるでしょう。けれども覚えていてください。あなたが離婚経験者の友人といると過去の嫌な感情を思い出すようなら，交際範囲を広げましょう。

　あなたが新しい人と出会い始めると，自分が求めているのは，友人か，セックスのパートナーか，子育てのパートナーか，家族ぐるみでつきあう人か，自問することになるでしょう。まれに１人の人が，いくつもの役割をこなすことがあります。しかし，おそらく，仕事の話ができる人は１人で，別の人がセックスパートナーで，他の人が子育てのパートナーになるでしょう。おそらく，別の一人親が，あなたと子育てを協力し合うでしょう。あなたも相手の子育てに協力することになるはずです。そして，新しい友人ができると，再びデートをするときもやってきます。

　離婚後，自分にとって「居心地のいい場」から外の世界に出て，社交の場に戻ることは，サメのいる海に飛び込むような気持ちでしょう。出会いにはいろいろな形があることを思い出してください。カルチャーセンターに通う人，趣味を始める人，長距離サイクリングのクラブに入る人，ボランティアをする人などがいます。多くの人は友人に，誰かいい人を紹介してくれない？　と頼みます。礼拝や地域のグループで友人を見つける人もいます。読書クラブや子どもの学校のＰＴＡに参加する人

もいます。インターネットで友人を募集する人もいます。

■練習すればうまくなる

　長年の結婚生活が終わったあと，デートをしたり，新しい恋愛関係をつくったりするためには，少々練習が必要だと感じるでしょう。これは自然なことで，練習が必要なことを恥ずかしく感じる人もいますが，ゴルフのスイングやピアノの練習のように，あなたのスキルを磨かなければならないと考えればいいのです。あなたのゴルフや楽器の才能は，時間とエネルギーを注がなければ上達しません。

　加えて，教養ある友人やパートナーに出会いたいなら，あなたも教養ある人間にならなければなりません。うまくいかなかった関係の一因は，あなたの性格や趣味にあると考え，自分自身のことを振り返ってみましょう。自分がしてきたことに気づくことができれば，よりよく変われます。

■新しいパートナーは子ども好きでないといけない

　デートを始めると，性急に不適切な理由でつきあおうとする一人親がいるので気をつけてください。ことはゆっくり進めるのがよいでしょう。カフェで会うことから始め，次はブランチ，それから映画を観に行くのがいいでしょう。ことを急かなければ，デートの相手が正しい理由であなたとデートをしているか否かがわかります。つまり，相手があなたとデートをする理由がわかるのです。

　デートの相手を探すときに考慮すべき別のことは，その人に子どもがいるかどうかです。子どもがいる人とは共通点が多いに違いありません。２人の関係が進展すれば，子育ての話題になるでしょう。異なる養育方針は，再婚家族にとって間違いなく大変な問題で，関係解消のきっかけになりかねません。

　あなたが子どものいない人とデートをするなら，相手の考えや夢，子

第10章　明るい将来

どもを授かることについての思いを話し合ってみましょう。相手は，継親になることについてどう感じているのでしょうか？　その人が望んでいるのは，実子，養子，それとも里子でしょうか？

明らかに，これらの話題は，初回や2回目のデートでは不適切です。あなたが継親になりたくない人と出会ったら，すぐ次に進んだほうがいいことを覚えていてください。相手を変えるという考えは，元配偶者を変えようとして不首尾に終わったのと同じ結果になります。

> 私がデートした男性は，私の娘と同い年の女の子がいて，最高と思ったけれど，彼は継親になりたがらなかったのです。私は信じられませんでした。私は，子どもたちと一緒に遊び，実親であることと同じくらい継親を楽しめる人と出会ったと思っていました。でも，そうではありませんでした。彼は，継父になる覚悟ができていなかったのです。幸い私はつきあい始めてすぐにそのことに気がつき，それは間違っていませんでした。彼はその後，子どもがいなくて，子どもはほしくないと思っている女性と出会い，私は，子どもはいないけれど，私の娘を実子のようにかわいがってくれる最高の男性と知り合いました。

■新しいリソースを考える

デートをするタイミングは，あなたにしか決めることはできません。また，デート相手は誰でもいいのか，子どものいる人か，離婚を経験した人か，結婚経験のない人がいいのかについても，あなたが決めることです。自分の望み通りに，特定の特徴をもった人と出会うのは難しいことですが，オンライン・デートなら可能です。事実，多くの人が自分の希望条件で絞り込み，うまくいっています。

オンライン・デートのコツやアドバイスについては，たくさんの本があります。ぜひ，そうした本を読んでみることをおすすめします。私たちは，オンラインで出会った相手とデートをする前に，離婚した親であることを正直に相手に伝えることをアドバイスします。

> 　私は，その女性とオンラインで知り合い，チャットを始めました。しかし，私には娘がいることを話す前に，彼女は私に，2人のためにダイニング・テーブルを購入したと言ってきました。それは彼女のアパートにピッタリらしいのです。私が思ったことは，娘アマンダはどこに座るのか，ということだけでした。私の姉が，アマンダは彼女のアパートに居場所はいらない，万が一ことがうまくいった場合，あなたたちはあなたの家に住むことになるから，と指摘してくれたときも，私はまだ彼女に会っていませんでした。私は会うことをためらっていました。思い返してみると，私は不安だったので，彼女と会わなくてすむ理由を探していた気がします。

■子どもに恋人の話を急いで持ち出さない

　子どもにあなたの恋人を紹介するタイミングは難しい問題です。専門家は，あなたが恋人を家に招くのは，その人と安定した関係になるまで待ったほうがいいと助言しています。最初の紹介は，短く，さりげなく，を心がけましょう。

　デートの時間，子どもを預けるお金，魅力的と思える人を見つけることは，至難の業ですが，一人親はいつもこれをこなしています。新しい恋人とうまくやっていくための秘訣は，意気投合できる相手だと心から感じることです。無理強いされたり，急かされたりせずに，ごく自然な流れでつきあい始めることができると快適です。丸い穴に四角のくいを無理に押し込むやり方でつきあい始めても，満足することはめったにありませんし，「今すぐに」その人が必要という考えは災害を招きます。

> 　私は，子どもが父親と過ごしているとき，デートをしなくてはと焦燥感にかられることがありました。私は土曜日の晩，パーティに行き，彼と知り合い，夢中になりました。それから，私は考え始めました。「今週の週末は2人の子どもが私のところ。来週の週末は1人が私のところ。再来週の週末は2人とも私のところ。とすると，この男性と夜に過ごせるのは今晩しかない。そうでないと，あと1か月先になる」。そして私は，セックスしなくてはと焦りまくり，すぐにでも

と思ったのです。しかしスコットは，翌日のブランチを誘ってくれました。それから，次のデート，そしてまた，次のデートと誘ってくれました。私の焦燥感は，2人の関係を進展させる原動力となり，ようやく最近になっておつきあいすることになりました。デートには時間をかけることが必要で，それが正しい道であれば，必ずうまくいくことがわかりました。

デートを始めたら，深呼吸をしながら，一歩一歩進んでください。ふさわしい相手とのデートは，自然な流れに感じられるでしょう。あなたは，無理やり自分の感情を抑え込んだり，向こう見ずなことをしたり，落胆したりしないように気をつけてください。覚えていてください。すべての親は，離婚しているかいないかにかかわらず，人づきあいでは苦労しています。それは親であることの一部です。

■人生のチャンスをつかむ

人生においては，とりわけ離婚のような危機のとき，不安やその他の否定的な感情があると，先に進めないと感じやすくなります。賢い方法は，精一杯生きて，チャンスをつかみ，幸せになることです。加えて，よく言われるように，子どもはすぐに大きくなるので，あなたの幸せの日々はすぐそこに待っています。

最後に，「コップの半分がもう満たされている」と見る精神で，自分にないものにこだわることはやめてください。その代わり，自分にあるものを大切にしてください。何と言っても，あなたには家族があります。そして，家族があるということは，一人親かどうかに関係なく，宝なのです。家族を大切にしてください。

対人援助職のみなさんへ
――訳者あとがきに代えて――

　本書は，元配偶者に不信や怒りを感じている親が，子どもの立場から相手との関係を見つめ直し共同養育をしていくためのガイドラインです。夫婦と親子の力動的な対人関係の理論とカウンセリング技法を身につけたカウンセラーやソーシャルワーカーは，本書を通して共同養育をする親への援助方法を増やすことができます。

　アメリカと日本では，離婚制度が異なるので，両国の離婚手続きと離婚後の子育て，家族観について歴史的背景にも言及しながら概説し，最後に本書の活用方法について説明します。

　アメリカでは，離婚後の子どもの監督・保護・養育権は，監護権（custody）という用語を用い，親権（parent right）は，親が州に対して主張する権利をさします。共同養育と面会交流を積極的に推進する背景には，アメリカの家族法の理念があります。家族法は州法で規定されており，父母が別居や離婚をしたあとも，子どもが両親と頻繁かつ継続的な接触を維持する共同監護を基本的な理念としています。各州はこれに基づいて，共同監護，共同養育，面会交流，養育費の取り立てに取り組み，アメリカ連邦政府は，1996年に各州に対して面会交流の支援プログラムの作成と運営のための助成金を給付しました[*1]。しかしアメリカでも長い間，子どもの監護は，母親優先の原則（The Tender Year Doctrine）がとられていました。1970年代以降，女性の社会進出が進み，無責離婚法が成立し，有責事由がなくても婚姻生活が破綻していることが離婚原因として認められるようになり，社会においても男女平等が徹底したことから，母親優先の原則への不満が生じました。さらに，離婚後も子どもが両親と継続して交流することが，子どもの心身の発達に有益であるという心理学と社会学の研究成果から，監護権をもたない親に

子どもとの交流権を与える動きになり，やがて共同監護が導入されるようになりました。1979年にカリフォルニア州で共同監護法が成立したのち，他の州でも共同監護が導入され，現在はアメリカ全土に広がっています。児童虐待やDVなど，子どもの福祉や安全に反する問題があるときは面会交流の方法や頻度が制限されますが，これらの問題があるというだけで，日本のように面会交流が禁止されることはありません。監督付きの面会交流によって，安全な環境で親子の継続した交流が実施されています。ちなみに面会交流は，子どもが里親に委託されているときでも，子どもと実親の定期的な交流が奨励されています。

他方，日本では，婚姻中は父母が共同で子育てをしますが，離婚した場合は，父母のいずれかが親権者となる単独親権制度です。欧米の大半の国と，アジアの韓国と中国では，共同親権・共同監護を法制化しており，先進国で単独親権なのは，日本だけです。単独親権は，戦前の家制度のもとで制定されていました。明治民法では，婚姻中，婚姻後を問わず，家長である父親が親権を有しているため離婚後，乳幼児が母親から引き離されることになりました。そこで監護者制度を設け，母親が監護者として子どもの養育をすることを可能にしました。戦後の民法改正により，単独親権の前提となる家制度が廃止され，母親も親権者として認められるようになりましたが，単独親権制度だけは存続しています。

日本の離婚の約9割は協議離婚で，夫婦は離婚に合意し，親権者を定めて離婚届けを提出すれば離婚が成立します。2012年に民法の一部が改正され，協議離婚の際に，父母は「面会交流」と「養育費の分担」を取り決めること，その場合に子どもの利益を優先して考慮しなければならないことが民法に明記されました。しかし，面会交流と養育費は，離婚成立の要件とはなっていません。

そのため面会交流が中断または拒否されることが少なくありません。親は子どもの発言や態度から面会交流のやり方や頻度を考え直すことは重要です。しかし，離婚前は，親子関係が良好であったにもかかわらず，

離婚後の両親の諍いが長期化するに伴い，子どもが同居親と強い結びつきを築き，別居親と会うことを拒むときは，子どもの状況を丁寧にみなくてはなりません。子どもが親の離婚を乗り越えるためには，同居親と深い絆を形成していくことが必要です。しかし，別居親と会うのを拒否し別居親を排除して，同居親と親密な関係を築いていくのであれば，それは健全な親子関係ではないのです。また，子どもと同居する親が再婚し，「子どもが継父（継母）に懐きはじめている」「新しい家庭を大切にしたい」などの理由で面会交流が拒否されることもありますが，面会交流は，子どもが実親に会う権利であり，親の事情でこれを妨げてはいけません。他方，別居親が子どもに暴力を振るうなどの虐待があったのであれば，子どもが会うのを拒否するのは，健全な反応です。問題なのは，離婚前はとりたてて問題のない親子関係で，虐待もなかったにもかかわらず，子どもが別居親と会うことを拒否する場合なのです。子どもが別居親と面会交流を拒否する背景には，親の要因，子どもの要因，家族と取り巻く要因が関与しています（J.Kelly & J.Johnston, 2001：小田切, 2010）。

①親の要因

同居親については，子どもに「お父さん（別居親）が，私たちを捨てて出て行った」と話すなど，同居親が子どもに別居親のことを悪く言い，子どもに否定的な別居親イメージを持たせることがあります。また，別居親と会ってきた子どもに，別居親の様子を聞き，あら探しをすることもあります。このような態度をとる親は，相手に対する怒りや憎しみ，結婚生活を失った悲しみがあるため，子どもに会わせないという手段で相手に復讐や制裁をしていることが多いのです。

別居親については，子どもと心の通い合った関わりが不得意であることや，子どもよりも自分のことを優先する態度があります。

②子どもの要因

9～15歳くらいの子どもが，離婚後に別居親を拒否することが多い

のですが，この時期は，自分のおかれている状況を客観的に見ることが十分にできないため，両親の諍いに巻き込まれ板挟みになるよりも，同居親の味方について安定した生活を送ろうとするためです。

③家族を取り巻く要因

　面会交流や養育費などのことで紛争が続いていたり，親族（親の実家など）が，子ども（孫）の問題について考えを主張してくるなどの親子を取り巻く周囲が面会交流の継続に影響を与えます。

　以上のように単独親権のもとで面会交流を行うのは，容易なことではありません。しかし，近年は，少子化，核家族化に伴い父親の子育て意識が高くなり，離婚後も子どもの成長に関わり続けたいと希望する父親が増加しています。それにもかかわらず，非親権者の父親は子どもとの安定した交流が途絶えやすく，大きな社会問題となっています。非親権者が母親の場合の面会交流も低い実施率です。このような状況の中，子どもが親の離婚後も，両方の親と継続して交流できる共同監護・共同養育の導入が活発に論議されています。離婚家庭を支援する専門家は，これらの実現に向けて，共同養育のスキルを学ぶことが急務の課題であり，それに応えるのが共同養育のガイドラインである本書なのです。

　日本では，「別れた親は，柱の影から子どもの成長を見守るのがよい」とする考えや，同居親（監護親）が再婚している場合，新しい家族関係を重視する家族観があります。他方，アメリカは子どもと別居親，ときに継親も一つの家族とみなす特有の家族観があり，日本と大きく異なっています。しかし，家族観の違いはあっても，離婚後の子どもと両親の継続した関わりが子どもの健全な成長に必要であることは，繰り返し述べている通りです。近年の日本における離婚後の親権と面会交流をめぐる争いの熾烈化と，国際的な動向である子どもの奪い合いの緩和および子どもが両親のいずれとも関係を維持する権利をもつ観点から，日本でも共同監護・共同養育を導入し，離婚後も両方の親が子どもと直接的な接触を継続し，学校行事などにも参加して可能な限り子どもと生活

対人援助職のみなさんへ

時間を共に過ごせることが望まれます。共同親権，共同監護を導入し共同養育を実施している国の中に，共同養育は問題が多いという理由で，単独親権に戻った国はないことからも，共同養育が，親と子ども双方にとって最適であることが理解できます。本書が，元配偶者との子育てに日夜奮闘している親を支援する専門家に役に立つことを心から願ってやまみせん。

なお，紙幅の都合により第1章「元夫・元妻はそもそもそんなに最低なヤツでしたか」と第10章「コンピューター時代のコミュニケーション」を割愛しました。

最後に，本書の翻訳の意義を理解し，迅速で緻密な編集・校正作業をしてくれた北大路書房の北川芳美さんと若森乾也さんに感謝の意を表します。

2013年4月　青木　聡

小田切紀子

---

*1　アメリカ連邦政府は，1996年の Personal Responsibility and Work Opportunity Reconciliation Act（PRWORA）において，「州は，非監護親が子どもと面会交流することを支援し促進するためのプログラムを作成し，この運営を可能にする助成金を提供しなければならない」と定めた。この PRWORA により，面会交流支援プログラムの助成金 Child Access and Visitation Grants が導入され，各州には実親と暮らす子どもの数などに応じて，最低でも年間10万ドルが給付され，各州の面会交流支援を活性化させている。

引用文献

J.Kelly & J. Johnston 2001 The alienated child : A reformulation of parental alienation syndrome. *Family Court Review*, Vol.139（3）

小田切紀子　2010　離婚―前を向いて歩き続けるために　サイエンス社

■**原著者紹介**

ジュリー・A・ロス

　ペアレンティング・ホライズン代表。ペアレンティング・ホライズンは，親教育や教員教育を通して子どもの生活を豊かにすることを目指す団体である。著書に『ヤマアラシをハグする：トゲトゲしたトゥイーン（8～12歳）と話し合う方法』『どうすればいいの？：児童期の子どもを育てるためのガイド』『21世紀の実用的な子育て：子どもを育てるためにあなたが望んでいたマニュアル』。アメリカ全土でペアレンティング（子育て）のワークショップを行っている。夫，娘，息子とニューヨーク市在住。

ジュディ・コーコラン

　フリーライター。マガジン・マーケッターズ・コムでマーケティング・コピーライター。『マガジン・マーケティングの簡単ガイド：秘訣，ツール，最高の実践』を含む3冊の著書がある。ひとり親であり，娘とニューヨーク市在住。

■**訳者紹介**

青木　聡（あおき・あきら）

　1997年　上智大学大学院文学研究科心理学専攻博士後期課程単位取得修了
　現在　大正大学人間学部臨床心理学科 教授（臨床心理士）
　[主著・論文]
　『離婚後の共同子育て』（訳書）　コスモスライブラリー　2010年
　『離婚毒 片親疎外という児童虐待』（訳書）　誠信書房　2012年
　『子どもに会いたい親のためのハンドブック』（共著）　社会評論社　2013年
　「片親疎外に関する最新情報――AFCC第47回大会参加報告」大正大学研究紀要，第96輯，169-176，2011年
　「アメリカにおける面会交流の支援制度――離婚手続きの流れと監督付き面会交流の実際」大正大学カウンセリング研究所紀要，35，35-49，2012年

小田切　紀子（おだぎり・のりこ）

　1999年　東京都立大学人文科学研究科博士課程単位取得修了
　現在　東京国際大学人間社会学部 教授（心理学博士・臨床心理士）
　[主著・論文]
　『離婚を乗り越える』　ブレーン出版　2004年
　『親のメンタルヘルス』（共著）　ぎょうせい　2009年
　『離婚――前を向いて歩き続けるために』　サイエンス社　2010年
　『乳幼児・児童の心理臨床』（共著）　放送大学教育振興会　2011年
　「離婚家庭の子どもの自立と自立支援」平成18-19年度科学研究費補助金基盤研究（C）研究報告書　2008年

離婚後の共同養育と面会交流　実践ガイド
子どもの育ちを支えるために

2013 年 8 月 30 日　初版第 1 刷印刷	定価はカバーに表示
2013 年 9 月 10 日　初版第 1 刷発行	してあります

著　者　　Ｊ・Ａ・ロス
　　　　　Ｊ・コーコラン
訳　者　　青　木　　　聡
　　　　　小 田 切 紀 子
発行所　　㈱北大路書房
〒 603-8303　京都市北区紫野十二坊町 12-8
　　　　　　電　話　(075) 431-0361㈹
　　　　　　ＦＡＸ　(075) 431-9393
　　　　　　振　替　01050-4-2083

©2013　　　　　　印刷・製本 / 創栄図書印刷㈱
検印省略　落丁・乱丁本はお取り替えいたします
ISBN978-4-7628-2813-3　Printed in Japan

・JCOPY 〈㈳出版者著作権管理機構 委託出版物〉
本書の無断複写は著作権法上での例外を除き禁じられています。
複写される場合は，そのつど事前に，㈳出版者著作権管理機構
（電話 03-3513-6969,FAX 03-3513-6979,e-mail: info@jcopy.or.jp)
の許諾を得てください。